城镇化对粮食生产的影响效应及作用路径研究

侯孟阳 ◎ 著

中国财经出版传媒集团
经济科学出版社
·北京·

图书在版编目（CIP）数据

城镇化对粮食生产的影响效应及作用路径研究 / 侯孟阳著. -- 北京：经济科学出版社，2025.8. -- ISBN 978-7-5218-7067-1

Ⅰ.F326.11

中国国家版本馆 CIP 数据核字第 20250NS359 号

责任编辑：梁含依　胡成洁
责任校对：齐　杰
责任印制：范　艳

城镇化对粮食生产的影响效应及作用路径研究
CHENGZHENHUA DUI LIANGSHI SHENGCHAN DE YINGXIANG XIAOYING JI ZUOYONG LUJING YANJIU

侯孟阳　著

经济科学出版社出版、发行　新华书店经销
社址：北京市海淀区阜成路甲 28 号　邮编：100142
经管中心电话：010-88191335　发行部电话：010-88191522
网址：www.esp.com.cn
电子邮箱：espcxy@126.com
天猫网店：经济科学出版社旗舰店
网址：http://jjkxcbs.tmall.com
北京季蜂印刷有限公司印装
710×1000　16 开　10 印张　160000 字
2025 年 8 月第 1 版　2025 年 8 月第 1 次印刷
ISBN 978-7-5218-7067-1　定价：50.00 元
(图书出现印装问题，本社负责调换。电话：010-88191545)
(版权所有　侵权必究　打击盗版　举报热线：010-88191661
QQ：2242791300　营销中心电话：010-88191537
电子邮箱：dbts@esp.com.cn)

前　言

中国经济发展已进入新常态阶段，其基本特征是由注重规模的粗放式发展转向追求质量的集约式发展，而城镇化和粮食安全无疑是中国经济高质量转型过程中的动力引擎与基础保障。改革开放以来，城乡二元结构体制改革及流动障碍逐渐消除，中国经历了快速城镇化进程，直观表现为人口向城镇集聚、城镇建设用地扩张与产业结构向工业和服务业转型升级。这一过程对粮食生产的影响尤其明显。耕地流失与劳动力结构性短缺，逐渐导致农地非农化、非粮化，由此可知，生产要素的流动性约束使城镇化与粮食生产之间存在不容忽视的内在联系。虽然中国现阶段有能力保障粮食和重要农产品供给，但粮食生产仍面临着成本上升、资源约束、收益下降、刚性需求增长等诸多挑战，粮食供需也处于紧平衡状态。此外，中国的粮食产量并没有因为耕地的减少而下降，城镇化对耕地生产力的边际影响并未导致粮食产量相应比例的下降，农户具有改变耕地集约利用水平的内在动力，能够通过权衡增加单位面积生产性支出是否能带来可观的经济效益来调整生产结构和方式，气候条件的区域差异性也给粮食生产带来了诸多不确定影响。总之，高质量转型期的中国区域经济面临着城镇化与粮食生产之间的权衡与协调。那么，城镇化进程中，城镇化对粮食生产有怎样的影响？城镇化影响粮食生产的路径是什么？区域间是否存在差异？本书将重点围绕这些问题进行探讨,这对于中国在城镇化向高质量发展转型过程中,把握粮食生产布局的发展方向、理解农民的种粮意愿与行为、政府制定推动城镇化与保障粮食安全的协同政策均具有重要的理论意义与参考价值。

本书围绕城镇化对粮食生产的影响及作用路径展开实证研究。在文献梳理与评述、理论回顾与分析的基础上,综合运用描述性统计、空间统计分析、计量模型、GIS 等方法,以 2000~2022 年 286 个地级市的面板数据为基础,重点分析了城镇化与粮食生产的交互关系及动态响应、城镇化影响粮食生产的空间效应与非线性特征。本书构建"城镇化—耕地集约利用—气候条件—粮食生产"的理论分析框架,考察在耕地集约利用的中介作用与气候条件调节作用的双重效应下,城镇化对粮食生产的影响路径。本书根据以上内容,立足于中国现实国情,提出相应的政策启示。具体而言,主要研究内容及得到的研究结论包括六个方面。

第一,历史变迁与发展趋势。本部分基于全国及省级统计数据,分析改革开放以来中国的城镇化进程,比较省际人口、土地及经济等不同维度城镇化的发展趋势与区域差异;从粮食产量、粮食播种面积与粮食单产方面分析粮食生产现状与功能区差异,并分析小麦、玉米和稻谷三大粮食作物的变化趋势与差异性特征。中国城镇化率较高的省份主要分布在东部沿海地区,但中西部地区的城镇化增速要快于东部地区。中国的粮食产量、粮食单产均经历了明显的波动性增长过程,但粮食作物播种面积整体表现出下降态势。中国的粮食生产依然以粮食主产区为主导,粮食平衡区稳步提升,而粮食主销区的规模则持续下降,小麦、玉米和稻谷生产表现出不同的变化趋势。

第二,交互关系与动态响应。本书从人口、土地和经济等维度选择指标,以熵值法评估城镇化综合水平。通过面板 VAR 模型中的脉冲响应函数和方差分解,分析地级市层面城镇化与粮食生产的交互关系及其动态响应特征。城镇化与粮食生产的自身演化过程均存在时间上趋于减弱的惯性特征,粮食生产的惯性时滞效应更长。城镇化在短期内能够对粮食生产产生负向影响,但在长期演变中则能够产生正向影响,而粮食生产则在短期内助力城镇化发展,但在长期演变中表现为拖累作用。城镇化与粮食生产的交互关系表现出动态性与长期性特征,粮食生产受城镇化的影响更强。

第三,影响效应:非线性特征。本书的实证内容主要是基于不同视角考察地级市层面城镇化对粮食生产的影响效应及作用路径。在以普通面板模型作为基准回归考察城镇化对粮食生产的影响的基础上,考虑到不同地区城镇化发展的阶段性差异,进一步通过动态面板门槛模型检验城镇化影响粮食生产的非线性门槛特征。城镇化发展显著降低了粮食产量,但负向影响程度存在明显的区域差异,由此可见,考虑城镇化的非线性影响有其必要性。城镇化与粮食生产的关系存在单一门槛的非线性特征,城镇化水平高于门槛值的地区对粮食生产具有更强的负面抑制作用。由此可见,跨过城镇化门槛值的地区空间分布主要以东部地区为主,并向中西部地区渐次扩散。

第四,影响效应:空间溢出特征。考虑到粮食生产的空间关联特征与路径依赖,本书建立动态空间计量模型检验地级市层面城镇化对粮食生产影响的方向和程度及区域异质性。城镇化能够显著负向影响粮食生产,并存在显著的路径依赖特征和空间溢出效应。进一步分析发现,城镇化在短期内会负向影响本地区及邻近地区的粮食生产,且短期间接效应大于短期直接效应,而长期负向影响效应并不明显。城镇化对粮食生产的负向影响在区域间依然存在差异性,南北方的差异主要表现为北方的城镇化未显著影响粮食产量,而南方城镇化对粮食生产的影响则显著为负;不同粮食功能区城镇化的负向影响程度依然表现为主销区＞主产区＞平衡区，这与非线性门槛特征较为类似，侧面反映出模型结果具有稳健性。

第五，作用路径：耕地集约利用的中介作用与气候条件调节作用的双重效应。在基于熵值法测度耕地集约利用水平，并选取气温、降水量和日照时数作为主要气候指标的基础上，通过传统Bootstrap中介检验法检验耕地集约利用对城镇化影响粮食生产的中介作用。进一步考虑气候条件的地区差异，在耕地集约利用中介作用与气候条件调节作用的双重效应下，构建有调节的中介效应模型，以考察地级市层面城镇化影响粮食生产的作用路径，并揭示不同气候指标调节作用的区域差异性。虽然城镇化能够直接负向影响粮食生产，但耕地集约利用的部分中介作用能够弱化城镇化的负向影响，而气候条件的调节作用则能够进一步减缓这种负向影响。然而，气温、降水量及日照时数等气候指标在发挥调节作用的过程中存在程度和方向上的差异。气温的调节能够促使胡焕庸线以南大部分地区的耕地集约利用发挥正向中介作用，而胡焕庸线以北的多数地区在气温的调节下，能够在一定程度上削弱耕地集约利用的负向中介作用；降水量的调节仅对分布在秦岭－淮河以南且年降雨量高于800毫米的地区产生削弱耕地集约利用的负向中介作用，其他地区则难以产生有效的削弱作用；东北、华北、西北日照充足地区，以及云南、四川的高海拔地区等在日照时数的调节下，耕地集约利用能够发挥正向中介作用，而其他地区则产生削弱作用，且不存在难以产生削弱作用的地区。综上所述，耕地集约利用中介作用与气候条件调节作用的双重效应有助于削弱甚至抵消城镇化对粮食生产的负向影响。

第六，在研究结论汇总的基础上，提出以下政策建议：一是要正确认识粮食生产"北粮南运"变迁的历史规律，发挥区域比较优势，科学规划粮食生产，合理布局优势产区；二是全面审视城镇化与粮食生产的协调关系，控制城镇化无序扩张，科学合理地规划城乡土地利用结构，加快农业技术进步，适度扩大农业生产经营规模，提高粮食生产效率，以确保城镇化与粮食生产活动的可持续性；三是把握城镇化进程中生产要素跨区流动的空间配置特征，深化区域间的农业分工与合作，探索主产区与主销区利益联动机制；四是合理提高耕地集约利用水平，通过休耕、轮作等方式巩固粮食生产力，推动耕地专业化、规模化生产，增强政府对气候变化的监测能力及农户及时应对气候变化的能力，根据当地气候特征积极应对气候变化对粮食生产的影响。

当最后一页文稿凝结成册，提笔至此，感慨万千。这本著作既是对现阶段中国粮食安全问题的深层次探索，亦是作者学术生涯中一段炽热征程的见证。在此，谨向所有为本书付出心血的支持者致以最深切的敬意。首先，在本书创作过程中，研究生白金、韩育山、门昊楠积极参与核心工作，在书稿整理、排版、校对等方面做出卓越贡献。三位同学通过多次学术研讨提出创新观点，为书稿完善提供了新颖视角与独到见解，其对资料收集的严谨态度与对文献的系统梳理，为本书奠定了扎实的素材基础。同时，由衷感谢经济科学出版社的大力支持。出版过程中，编辑团队凭借丰富的出版经验，从初稿审阅到版式设计，从引文核对到读者体验优化等多方面提出了宝贵建议，让学术著作的出版过程充满温度，使本书能够以更佳的形式呈现给读者。

最后，尽管编者力求严谨，但受限于研究视野与时间约束，书中难免存在疏漏和不足之处，恳请学界同仁不吝赐教、批评指正，共同推动相关领域研究向更深层次迈进。

2025 年夏　河北保定

目 录

第1章 导论 ... 1
  1.1 研究背景与问题提出 ... 1
  1.2 研究目的和意义 ... 7
  1.3 国内外研究动态梳理与评述 ... 8
  1.4 研究思路与研究内容 ... 17
  1.5 研究的创新之处 ... 19

第2章 理论基础 ... 21
  2.1 土地稀缺性理论 ... 21
  2.2 二元经济结构理论 ... 22
  2.3 比较优势理论 ... 24
  2.4 可持续发展理论 ... 26

第3章 中国城镇化进程与粮食生产的变化趋势 ... 28
  3.1 变量说明与数据来源 ... 28
  3.2 中国的城镇化进程 ... 29
  3.3 中国粮食生产的发展现状 ... 46
  3.4 本章小结 ... 61

第4章 城镇化与粮食生产的交互关系:动态响应特征 ... 63
  4.1 城镇化综合水平评估 ... 64

4.2 研究方法与变量选取 ………………………………………… 66
4.3 城镇化与粮食生产的动态响应规律 …………………………… 68
4.4 本章小结 ……………………………………………………… 74

第5章 城镇化对粮食生产的影响效应：非线性特征 ………… 76

5.1 理论分析与研究假设 ………………………………………… 76
5.2 计量模型与变量说明 ………………………………………… 78
5.3 基准回归与内生性讨论 ……………………………………… 81
5.4 非线性门槛特征 ……………………………………………… 85
5.5 本章小结 ……………………………………………………… 88

第6章 城镇化对粮食生产的影响效应：空间溢出特征 ……… 90

6.1 理论分析与研究假设 ………………………………………… 90
6.2 计量模型与变量说明 ………………………………………… 91
6.3 动态空间效应 ………………………………………………… 92
6.4 区域异质性分析 ……………………………………………… 99
6.5 本章小结 ……………………………………………………… 101

第7章 城镇化影响粮食生产的作用路径：耕地集约利用的中介作用与气候条件调节作用的双重效应 ………… 102

7.1 理论框架与研究假设 ………………………………………… 103
7.2 模型设定、变量说明与数据来源 …………………………… 107
7.3 相关性分析与基准回归结果 ………………………………… 111
7.4 耕地集约利用的中介效应检验 ……………………………… 113
7.5 气候条件调节下城镇化对粮食产量影响的传导机制 ……… 114
7.6 内生性讨论 …………………………………………………… 123
7.7 本章小结 ……………………………………………………… 125

第8章 研究结论与政策启示 …… 126
8.1 研究结论 …… 126
8.2 政策启示 …… 129
8.3 研究不足与展望 …… 133

参考文献 …… 135

第1章

导　　论

1.1　研究背景与问题提出

1.1.1　研究背景

农业是国民经济发展的基础保障，粮食则是基础中的基础。粮食问题是国际社会关注的热点问题之一，粮食安全也是经济发展和社会稳定的重要保障。新中国成立以来，尤其是改革开放后，我国粮食生产取得了举世瞩目的成就。随着农村家庭联产承包责任制的推行、粮食流通体制改革、农业税取消等一系列重大农业政策的调整，粮食单位产出量和总量持续增加。1949年我国粮食总产量只有11328.4万吨，1978年则为30476.5万吨，这一时期我国粮食总产量年均增幅为3.35%，而2023年粮食总产量达到69541万吨，改革开放到2023年，年均增幅为1.85%（中国统计年鉴，2024），粮食供给实现了由长期短缺到总量基本平衡的转变（田红宇等，2016）。但粮食产量的增长过程并不是稳定持续的，1999年遭遇特大洪涝灾害，粮食生产连续4年减产，库存不断下降，引发政府和社会各界对我国粮食问题的担忧。为解决粮食安全问题，一系列调动农民种粮积极性、增加粮食产量的政策相继出台。

2004～2014年，我国的粮食产量出现了持续稳定的增长。2020年《中共中央 国务院关于抓好"三农"领域重点工作确保如期实现全面小康的意见》指出，保障粮食安全依然是生产生活的头等大事，粮食供给要稳字当头，包括稳定的政策、稳定的面积、稳定的产量。

随着经济的增长、城镇化的推进、人口规模的扩大以及人们生活与消费水平的提高，加上资源环境、气候变化等制约因素的出现，粮食持续增产的难度加大。粮食产品消费的总量和结构发生了明显的变化，从追求满足基本的温饱向高附加值的农产品转变，从粮食消费需求向动物性产品和经济作物需求转变。随着农业经济的市场化改革深入，城镇化的不均衡发展造成我国区域间粮食自给率的失衡（王跃梅，2016）。1996年国务院新闻办公室公布《中国的粮食问题》白皮书，明确表明我国有能力依靠自身实现粮食基本自给并首次提出正常情况下我国粮食自给率要达到95%。而在资源紧缺与农产品供需超大规模的矛盾中，2017年我国粮食自给率为82.3%，低于安全标准（毛瑞男等，2024）。我国对粮食进口的依赖性逐渐增强，通过贸易手段解决粮食供给问题是不现实的，保障粮食生产的关键在于提高国内粮食自给率。但在城镇化扩张、工业化发展、经济增长、消费结构、种粮收益、气候变化等诸多自然与社会经济因素的共同驱动下，国内粮食生产的空间格局已发生了显著变化。

（1）粮食生产区域性矛盾日渐凸显，北方粮食产量超过南方，主销区粮食产量不断下降。随着农村劳动力向城镇转移和居民消费水平的提高，粮食产品的消费结构发生了较大改变与升级，中国粮食生产的区域性矛盾加剧。从统计数据上看，南北方的粮食产量均呈增长趋势。南方粮食产量由1949年的6798.39万吨增长到1978年的18756.88万吨，再增长到2023年的27963.4万吨，年均增速为1.90%；北方粮食产量由1949年的4581.28万吨增长到1978年的12979.65万吨，再增长到2023年的41577.8万吨，75年来年均增速为2.98%（中国统计年鉴，2024），北方地区粮食增产速度明显快于南方地区。一直以来，南方地区作为农业经济中心，其粮食产量要高于北方地区，而南北方的粮食产量发生转变的时间节点是2005年，从这一年开始，北方粮食产量开始高于南方，且差距有不断加大的趋势。从粮食功能区划分来看，主产区和平衡区粮食产量明显增长，而主销区粮食产量则持续减产，由1949年的1661.47万吨增长到1997年的最高点5329.10万吨之后便开始逐渐下降，到2023年降至2987.4万吨，平均降幅达2.17%，降幅明显；而主产区和平衡区的粮食产量一直保持上升的趋势，75年以来的年均增速分别为2.63%和2.25%（中国统计年鉴，2024），平衡区和主产区的粮食生产地位在不断提升。

（2）粮食产销格局由"南粮北调"向"北粮南调"转变，并对粮食生产产生深远影响。南方多数地区被称为"鱼米之乡"，具备丰富的水、光热、劳动力等有利的生产条件，多为农业经济中心，而北方多为政治中心。政治与经济的分离使粮食生产消费逐渐由"南粮北调"转变为"北粮南运""北进中移"，粮食生产潜力重心不断向东北地区移动（张秋梦等，2021）。随着南方经济的快速发展及市场化改革的深入和工业化、城镇化的加快发展，南方粮食生产不再具有比较优势，粮食产量不断减少，生产比重不断下降，尤其是主销区粮食产量不断下降。得益于北方地区尤其是东北地区的商品粮基地建设、基础设施的改善，北方粮食产量不断上升，并逐渐超越南方地区。南方地区多数省份由粮食调出省转变为调入省，北方地区对南方地区粮食的供给力度不断增强，逐步呈现"北粮南调"的格局。这些变化特征均表明中国粮食生产格局已发生转变，南方地区尤其是东南沿海地区的粮食生产地位不断下降，东北地区、西北地区的粮食生产地位不断上升。北方粮食产量占全国的份额由1949年的40.26%增长到2005年的50.96%，再到2023年的59.79%，而南方粮食产量占全国的份额则由1949年的59.74%降至2005年的49.04%，再降至2023年的40.21%。2005年是此消彼长的交汇点，北方粮食生产已经全面超越南方，呈现出显著的"南粮北调"逐渐被"北粮南调"取代的演变特征。具体来看，东北地区粮食产量比重由1949年的12.21%上升到2023年的20.91%，西北地区则由1949年的7.80%上升到2023年的13.18%，东南沿海地区由1949年的16.37%下降到2023年的5.72%，西南地区由1949年的18.99%下降到2023年的11.35%（中国统计年鉴，2024），而华北地区和长江中下游地区的比重变化较稳定。黄爱军（1995）最早发现粮食产量"南退北进"的现象，并总结出"南方粮食生产中心逐渐向西转移""全国粮食生产中心逐渐向北方移动"的变化趋势。粮食生产产销格局变化深刻影响了中国粮食的供求区域均衡，并进一步影响粮食生产。

（3）城镇化促使粮食生产要素投入结构发生改变，并与粮食生产产生现实矛盾。城镇化是人类活动不断发展的必然产物，城镇化进程促使人口从农业流向非农业，并导致城镇面积的扩张。随着城镇化进程的深入，提升城镇化质量以适应高质量发展的目标成为新发展阶段新型城镇化建设的重要任务（洪晗等，2024）。改革开放以来，城镇化进入发展的快车道，以常住城镇人口为标准，城镇化率由1978年的18%上升至2023年的66.16%，但以户籍人口计算的城镇化率仅为48.32%，滞后于常住人口的城镇化率近20个百分点（中国统计年鉴，2024）。常住人口城镇化水平的提高主要源于城乡间体制机制的改革，农村劳动力不断向城镇转移，并参与非农就业。随着工业化、城镇化与农业市场化的深入，种粮收益日益成为农户权衡是否继续生产的关键因素（钟钰等，2024），并且影响农业生产的种植结构。粮食生产重心向北移动，东南沿海地区粮食自给率下降为地区实现产业结构升级提供了更大的空间。沿海省份的快速工业化、城镇化进程，不仅导致耕地数量下降，还吸引了外地人口的流入。同时，由于要素投入成本上升，种粮比较收益下降，即便是继续从事粮食生产，粮农的生产目标也不再是追求产量最大化，而仅是将其作为一种调剂手段来对冲非农收入的不确定性（王芳，2022）。随着人口的集聚，非农建设占用耕地的现象突出，区域性的粮食自给率下降，需要从粮食主产区调入粮食以满足居民日常的消费需求，沿海省份逐渐从粮食调出地转变为粮食调入地，粮食供应的压力逐渐增大。从南粮北调到北粮南运，虽然短期内实现了土地资源利用的结构优化，但长期来看，北方地区的禀赋基础将难以合理匹配水资源与土地资源，从而限制未来的粮食供给能力（国家发展和改革委员会产业经济与技术经济研究所，2006）。同时，随着北方地区经济增长、工业化与城镇化的不断推进，北方省份的农户也需多方考虑种粮比较收益，小规模农户有了更多的自主选择，劳动力、土地等要素成本的上升，种粮收益的降低使新一代农民逐渐失去种粮的动力。长此以往，粮食生产格局发生变化，同时，城镇化的规模扩张导致农村地区耕地的减少，粮食生产格局的时空变化也会导致粮食生产面临越来越大的压力，并威胁中国的粮食安全（王丽彩，2017），因此，这也间接要求实现城镇化的高质量发展。

而现实情况是，我国粮食产量并没有因为耕地面积的减少而下降，反而从2003年开始实现连年增产。2003~2015年，中国粮食产量呈"十二连增"态势，由4.3亿吨增长至6.2亿吨（中国统计年鉴，2019），粮食产量受城镇化的冲击较有限。城镇化影响粮食生产的问题也受到国内外学者的广泛关注（Andrade et al.，2022；Engel et al.，2021）。一系列的研究显示出城镇化对中国的粮食供给并没有表现出较大的负向影响，意味着城镇化对耕地生产力的边际影响并未显著降低粮食产量的相应比例。此外，农户还能通过增加生产性支出来抵消耕地减少的直接负向影响。而一些研究则认为，在城镇化失衡发展的背景下，粮食安全势必受到冲击（王丽彩，2017），但从长时间序列的动态演变过程看，城镇化对粮食产量造成的负面影响较小。如果不断根据实际情况优化调整农业政策，中国不但能够保证自身供给，还能够供应到世界其他国家（罗翔等，2016）。那么，城镇化导致的耕地减少如何影响中国的粮食生产？实际上，城镇化对农村劳动力的吸纳导致了粮食生产要素资源的重新配置和农业生产方式的转变，并提高了粮食生产的现代化水平。而粮食生产也从过去的单纯追求产量转向提高单产和提升效率。也就是说，由于耕地面积减少，粮食产量的增加主要源于粮食单产水平的提高，而粮食单产水平在主观上取决于耕地的集约利用水平。在客观层面上，当耕地面积减少时，农户倾向于集约经营。耕地减少促使农户改变农业生产方式、调整生产结构，以提高集约利用水平。此外，农作物的生长还受到气候条件的影响，并对粮食生产产生诸多不确定风险，粮食生产也面临着适应气候条件变化的需求，但气温、降水、日照等气候条件在不同区域及不同作物间具有明显差异（Piao et al.，2010）。

城镇化以城乡一体为基础、产业互补为形式、优化集约为原则，以不牺牲农业和环境为代价，提升城镇化发展的内在质量，以促进经济社会发展、实现共同富裕为可持续目标。在城镇化进程中如何保障粮食生产已成为我国社会经济向高质量发展转型过程中的战略性问题。为保障粮食供给，必须有足够的耕地、劳动力等基础要素和投入产出效率。此外，气候变暖问题日益受到社会的广泛关注，气候条件的变化也影响到农业生产（郭燕等，2024）。2016年中国粮食产量已止步于"十二连增"，中国粮食生产的供需压力依然存在。《国家新型城镇化规划（2014-2020年）》也指出粮食安全是城镇化的关键保证。

为厘清城镇化进程中耕地退出影响粮食生产的作用路径与内在机制，本书基于粮食产出规模的视角，构建"城镇化—耕地集约利用—气候条件—粮食生产"的理论分析框架，结合地理信息系统与社会经济数据，利用全国省级、地级及以上城市的粮食生产及社会经济数据，分析城镇化与粮食生产的交互关系与动态响应特征，关注城镇化对粮食生产的影响及该影响的非线性特征和空间溢出效应。进一步，研究将耕地集约利用程度作为中介变量，将气候条件作为调节变量，在耕地集约利用与气候条件双重效应下检验城镇化对粮食生产的作用路径。整体而言，深入了解城镇化如何影响中国的粮食生产，以及如何促进城镇化高质量发展与保障粮食安全的协调均衡，是国家制定粮食战略、推动城乡融合发展需要考虑的重要现实问题。本书希望能够为中国城镇化的高质量发展与保障粮食安全提供理论参考。

1.1.2　问题提出

基于以上背景，我国粮食生产自改革开放以来取得了巨大发展，但粮食生产的稳定性与安全性仍面临诸多机遇和挑战。随着经济的快速增长以及城镇化的持续推进，人们对粮食的需求结构发生变化。一方面，需求的变化会促使作为粮食生产主体的农户根据市场需求调整农作物种植结构；另一方面，非农收入水平的提升降低了种粮的比较收益，削弱了农户从事粮食生产的积极性，导致中国粮食生产水平与格局发生了深刻变化。本书以城镇化与粮食生产为切入点，着重探讨以下4个问题。

（1）城镇化与粮食生产的互动关系表现出怎样的动态响应特征？

（2）城镇化怎样影响粮食生产？是否表现出非线性特征？

（3）城镇化对粮食生产是否存在空间溢出效应？

(4) 在耕地集约利用的中介作用与气候条件调节作用的双重效应下，城镇化对粮食生产表现出怎样的作用路径？

1.2 研究目的和意义

1.2.1 研究目的

基于前述背景分析和提出的问题，可以明确本书的研究目的，具体而言：一是在使用熵值法测算城镇化综合水平的基础上，评估城镇化与粮食生产的交互关系与动态响应特征；二是检验城镇化影响粮食生产的方向和程度，并探讨该影响是否存在非线性特征；三是考察城镇化对粮食生产影响的空间溢出特征，并分析其区域异质性；四是考察城镇化通过耕地集约利用变化间接作用于粮食生产的中介效应及气候条件在城镇化影响粮食生产中的调节作用，在双重效应下考察城镇化影响粮食生产的作用路径。

通过对以上内容的全面分析，深入了解城镇化对粮食生产的影响效应及路径，以及如何保障城镇化与粮食安全协调发展。

1.2.2 研究意义

中国粮食生产格局向"北粮南运"的转变具有一定的内在规律。市场经济的深化、城镇化进程的加快、农用耕地的占用、技术进步等因素都会对粮食生产产生深远影响。本书旨在研究气候变化情况下城镇化通过耕地集约利用影响中国粮食生产的动力机制，通过计量模型的检验深入探讨城镇化对粮食生产影响的程度与作用路径，进而拓宽粮食生产相关研究的视野和思路，旨在为未来城镇化高质量发展、粮食生产的政策布局与保障粮食安全提供理论依据，为科学谋划区域间粮食生产供应提供实践参考，具有一定的理论意义和现实意义。

理论意义：本书基于比较优势理论、土地稀缺性理论、二元经济结构理论和可持续发展理论探讨城镇化对粮食生产的影响，以及城镇化影响粮食生产变化的动力机制与路径，进一步丰富了粮食生产相关研究的理论体系。另外，本书在考察城镇化对粮食生产的影响时引入地理空间要素的概念，并通过空间计量模型检验其空间溢出效应，更加准确、科学地评估粮食生产受城镇化影响的方向与程度。

现实意义：城镇化导致粮食生产的比较收益下降以及粮食生产结构变化。研究城镇化对粮食生产的影响以及内在机制，对城镇化高质量发展、提高粮食综合生产能力、保障粮食安全、促进农民增收及对粮食生产的区域结构的战略性调整都具有重要的现实意义。本书有助于促进粮食生产要素合理配置，并助力政策制定者在生产、消费、流通等层面准确理解粮食安全问题，把握粮食生产与城镇化高质量发展的方向。

1.3　国内外研究动态梳理与评述

1.3.1　城镇化对粮食生产的影响

城镇化影响空间格局和功能结构的演变，对区域生态系统稳定、粮食安全等具有显著影响，可导致耕地和劳动力等要素在农业和非农业之间、农业内部进行重新配置，以及土地利用、劳动力配置和食物消费及农业生产等领域广泛的结构调整，进而持续影响我国的粮食生产及布局（丛佳敏等，2024）。国家发展和改革委员会产业经济与技术经济研究所（2006）认为，城镇化进程促进了地区粮食生产结构的调整，降低了南方粮食产区粮食自给的程度，导致粮食生产重心向北方移动。明确粮食生产结构与格局的变化过程和粮食生产的区域贡献，有利于更有预见性地调整粮食种植结构，提高国家的粮食安全水平（孟军，2020）。

在粮食产量影响方面，虽然城镇化发展导致的耕地减少能够直接影响粮食生产，但人们仍然关注城镇化发展对中国的粮食安全有何影响。该问题已成为学术界广泛研究的热点，但学者的观点不一。有学者认为城镇化进程会挤压粮食生产资源，不利于粮食生产（范淑斌等，2020；Godfray H C J et al.，2010；Satterthwaite et al.，2010），即城镇化的要素配置效应会使粮食生产投入要素减少，影响粮食生产（王帅等，2023）。冷智花、付畅俭（2014）认为，片面追求城镇化率的提升不会有助于粮食产出。农村人口大规模向城镇流动、城镇土地规模的无序扩张，使生产要素投入结构发生了改变，造成耕地流失与劳动力结构性短缺，引发生产方式与种植结构的变化（Chen J et al.，2007）。粮食生产受严重影响，主要表现为城镇化进程中大量优质耕地资源流失，耕地质量退化，进而对粮食产量构成威胁（熊艳花等，2022）。

虽然城镇化会对粮食生产产生冲击，但也有观点认为，在长期内我国城镇化并未威胁到粮食生产（Shen W et al.，2024）。农业技术进步、耕地规模化经营等能够提升粮食生产效率，从而提高粮食单产。在农业劳动力减少和雇工成本增加的双重作用下，农民会积极采取机械设备替代人工，农业机械化水平将在城镇化水平提高的影响下快速提升，因此可能会使粮食作物的种植面积不断提高（刘传福等，2022）。从长期来看，城镇化与保障粮食安全的目标是能够相容的，城镇化的深入能够保障中国长期的粮食产出安全（李福夺等，2016）。农村仍存在剩余劳动力，农村劳动力流动缓解了粮食生产的内卷现象，提高了劳动生产率和粮食单产（王跃梅等，2013）。同时，伴随着绿色、有机等高附加值经济作物种植比例的提高，相关因素对耕地农业总产值效率的促进作用有利于实现粮食产出和农业总产值效率双增长的目标（刘传福等，2022）。劳动力流动促进了土地流转，为农村耕地的适度规模经营与机械化作业替代劳动力创造了条件。农户能够以较少的劳动力实现粮食生产的规模化，有利于耕地资源的优化配置与规模化生产。此外，农村劳动力向城镇的转移也促进了土地资源的流转与集中（赵红婷等，2025），"家庭农场""种粮专业大户"等新型经营主体应运而生。对于继续从事耕作或耕地流入的农户而言，耕地资源的整合与变化使其获得粮食单产的激励。先进的农业生产技术与机械服务更加容易推广，为粮食生产的集约化、规模化与现代化创造条件（樊琦等，2014）。

在产出角度，短期内城镇化进程会与农业的水资源和土地资源相互竞争，对粮食产出造成压力，但资本投入与技术进步能够有效替代物质要素。长期来看，城镇化有助于提高粮食生产能力（侯孟阳等，2022）。因此也有学者认为城镇化并不会对粮食生产产生不利影响（何悦等，2019；高延雷等，2019），城镇化在短期内虽然会挤压土地，出现"非粮化"现象，与粮食生产产生一系列的冲突与矛盾，但长期内城镇化通过生产要素的集聚与重配、农业技术的进步与机械化作业的普及，推动粮食生产的规模化、集约化，提高农村土地利用效率、劳动生产率及粮食单产，从而促进粮食产量增长（黄靖辉，2023）。另外，有学者认为城镇化对粮食安全具有显著的正向影响，但人口、土地、经济等不同因素产生的影响存在差异（高延雷等，2019）；徐建玲等（2014）发现经济发展与人口集聚促进了粮食生产，而土地扩张与消费升级会对粮食生产形成不同程度的负面影响，其中，土地扩张的负面作用较为明显。

随着社会经济更加注重高质量发展，城镇化与粮食生产之间的关系日益密切，存在互相影响的交互关系，并维持在一种稳定均衡的状态。虽然已有研究更多关注城镇化对粮食生产的单向影响，但城镇化与粮食生产的双向关系也逐渐受到学术界的关注。研究文献主要涉及城镇化与粮食生产范畴内水土资源、技术效率、全要素生产率等的互动关系。赵丽平等（2016）测算与比较了我国及各功能区城镇化和粮食生产水土资源的耦合协调度，发现耦合协调状况不是很理想，各功能区都濒临失调。赵丽平等（2017）采用误差修正模型、脉冲响应方程和方差分解等模型对城镇化和粮食生产技术效率之间的互动关系进行分析。龚锐等（2020）采用面板 VAR 模型和系统广义矩估计方法（Generalized Method of Moments，GMM）考察城镇化与农业高质量发展的交互关系，发现提升农业绿色全要素生产率有助于促进新型城镇化进程的深入，而新型城镇化则制约了农业绿色全要素生产率的提升。还有文献运用一个有调节的中介效应模型考察了气温、降水量和日照时数等气候变量调节作用下耕地集约利用在城镇化影响粮食生产中的中介效应，分析了中介效应的程度变化及区域异质性（侯孟阳等，2022）。姚成胜等（2016）全面审视城镇化与粮食安全的内在关系，发现城镇化与粮食安全的协调度不断上升，协调水平经历了"低度→中度→高度"的不同阶段。现有研究仍然缺少从系统交互的角度分析城镇化与粮食生产间的关系及其响应过程的能力。

1.3.2 城镇化、耕地集约利用与粮食生产

土地利用是人类活动的基本生产经营手段，耕地利用作为其重要的子系统，是人类生产生活对土地利用的物质基础，具有保障国家粮食安全、满足城镇化用地需求及生态环境建设等功能（杜国明等，2022）。耕地集约利用主要指在农业生产过程中，单位面积耕地上集中投入一定的生产资料、劳动力等，以期获得高产出效益（许树辉，2002）。但有研究指出，耕地集约利用存在报酬递减规律，即在特定的耕地面积上持续增加要素投入后，产出效益在达到一定程度后并不会无限增加，而是会趋于稳定或转而下降（赖光宝等，2016）。主要原因在于耕地单位生产力存在一定的极限和边际递减效应，超过该极限后，耕地的产出效益就难以随要素投入的增加而增加。随着耕地集约利用相关研究的持续深入，人们发现耕地集约利用是提高生产效益、纾解人地矛盾的重要手段之一。学者更多关注的是在阐述耕地集约利用内在概念的基础上，构建耕地集约利用的评估指标体系，采用多种方法进行多层次、多尺度的综合评价（陈伟等，2013；王喜等，2016；王向东等，2019），并从时空变化（刘玉等，2014；王国刚等，2014）、结构特征（陈瑜琦等，2009）、驱动力（邓楚雄等，2013；吴郁玲等，2011）、效益评估（龙禹桥等，2018；向晶，2006；Seppelt R et al.，2013）等方面进行深入探讨，研究视角多集中在耕地的投入力度与产出效益上。

城镇化扩张的重要表征之一是对土地的高需求，这种需求导致土地利用结构、形式、布局及人地关系等发生变化，突出表现为耕地转变为城镇建设用地以及耕地面积的减少，影响农业生产。作为人口大国，中国对粮食的高需求量使有限的耕地资源承受着巨大的供给压力（高丹桂等，2023），城镇化与耕地利用之间的矛盾日渐突出（Zhang Z X et al.，2016），在有限的耕地上实现高效、集约利用是保障粮食安全的有效路径（Godfray H C J et al.，2010）。围绕城镇化与耕地集约利用的关系，学者展开了广泛的研究。然而，直接研究城镇化对耕地集约利用影响的文献相对较少。较多研究关注城镇化与耕地集约利用间的协调与制约关系。朱润苗等（2021）的研究指出，耕地

集约利用为新型城镇化提供发展动力，新型城镇化为耕地集约利用提供要素支持，二者的协调发展水平总体呈上升态势，协调发展等级由轻度失调衰退过渡为勉强协调发展。曹春艳（2018）发现，江苏省耕地集约利用与新型城镇化的耦合水平逐渐上升，但地级市间协调水平存在明显差异，南京、无锡及苏州是协调度高水平聚集区，宿迁、连云港为协调度低水平聚集区，其余地级市耦合水平则一般。研究框架相似的还包括卢阳禄等（2016）、张浩等（2017）、马聪等（2017）、邓楚雄（2018）等的研究，仅存在研究区域差异。此外，樊琦等（2014）认为，城镇化发展必然与粮食生产相互争夺投入要素，必须转变为高效、绿色的新型城镇化发展方式，才能促进城镇化与耕地利用的协调。在城镇化影响耕地集约利用方面的研究仍然有所欠缺。柯新利等（2013）通过典型相关分析方法分析不同维度城镇化的影响后，发现经济增长降低了劳动力集约水平，提高了农业机械集约水平；人口集聚降低了劳动力集约水平和农业机械集约度水平；社会生活的改善提高了劳动力集约水平和农业机械集约水平。邹金浪等（2013）以江苏省和江西省两个主产区为例，比较分析了不同城市化水平下耕地集约利用的差异及其来源，但研究侧重于简单的对比分析，对城镇化与耕地集约利用间的理论关系缺乏深入探讨。祝伟等（2021）探讨了城镇化对复种指数、化肥施用强度、粮食单产等的影响，并分析其中的中介效应。研究发现城镇化能够通过改变土地经营规模、机械化对劳动力的替代和食品消费需求升级来影响耕地利用强度。

粮食生产受制于耕地利用的变化，面对耕地的稀缺性，提高耕地的集约利用水平是提高粮食产能、保障粮食生产安全的关键（Wei W X et al.，2023）。因此，耕地集约利用与粮食生产的关系也日渐受到学术界的广泛关注。现有研究主要关注耕地集约利用对粮食产量及潜力、耕地实际产能的影响，以及耕地数量的变化对粮食产量的影响等。有研究者分析"粮耕弹性系数"（Hua-lou et al.，2010）发现，耕地集约利用有效缓解了耕地流失对粮食生产的压力，但耕地集约利用存在边际报酬递减特征，难以持续稳定地增加粮食产量，并在不同的集约利用水平下呈现异质性变化（杜国明等，2013）。宋佳楠等（2010）揭示了内蒙古盟市与旗县耕地集约利用对粮食生产力的贡献度，粮食生产的影响因素包括旗县层面和盟市层面的耕地集约利用。金涛（2014）分解中国粮食生产时空变化在耕地利用方面的规模、结构、强度、程度四个因素，发现耕地利用变化的强度效应最大，结构效应和程度效应次之，规模效应最小。侯现慧等（2017）构建库兹涅茨曲线模型，分析了湖北省耕地集约利用与耕地实际产能的关系，发现山区、平原区的耕地集约利用和耕地实际产能呈倒"U"型曲线关系。在微观方面，耕地的变化也影响着农户的生产经营行为，李翠珍等（2008）以北京市为例，分析了大都市区农户耕地利用对粮食生产能力的影响，发现农户更倾向于选择种植边际效益较高的作物，其目标是追求种植利润最大化，经历了从追求粮食产量到追求种植利润，再到追求耕地持续效益的过程。庞英等（2012）基于黄河流域主产区的农户成本数据，发现提高耕地利用集约度有助于增强粮食的保障能力，而制约集约利用的关键因素则是灌溉能力与农药喷洒力度。文高辉等（2024）基于农户的视角，从理论上揭示耕地经营规模对农户水稻生产生态效率的影响，并利用常德市农户调查数据，发现耕地经营规模对农户水稻生产生态效率有显著影响。综合而言，虽然学者针对耕地集约利用变化对粮食生产在宏观层面和微观层面均展开了分析，但整体上仍然欠缺关注度，有待深入展开分析。

关于城镇化、耕地集约利用与粮食生产的关系，相关研究由城镇化影响粮食生产的作用路径展开，高延雷等（2018）发现，耕地、水资源和劳动力的刚性约束仍是粮食生产当前面临的主要问题，城镇化能够通过要素优化配置、粮食供需变化和诱导性技术变迁等影响粮食安全。进一步，高延雷等（2019）考察城镇化影响粮食安全的机制后发现，城镇化有助于保障粮食安全，农业用地和农村劳动力表现为负向中介作用，而农业技术进步则发挥了正向中介作用，此外，不同粮食功能区的中介效应存在区域差异。陈欣等（2015）认为，城镇化进程能够通过改变粮食要素投入、农业产业结构影响粮食生产。有研究指出城镇化对粮食生产的促进作用体现在人口城镇化能够为土地适度规模经营创造机会，经济城镇化能够通过粮食供需变化与促进农民增收推动土地流转，从而提高劳动生产率和粮食单产（姚成胜等，2016）。华坚等（2024）指出，粮食主产区的土地规模化经营在新型城镇化对粮食安全的作用过程中存在中介效应，且人口城镇化与空间城镇化会对粮食安全产生显著的正向影响。虽然已有若干文献分析了城镇化通过耕地变化影响粮食生产的过程，但在耕地利用方面，大多数研究是在城镇化的背景下展开分析，杜宇能（2013）发现城镇化的推进对耕地面积的减少和农村劳动力的外流存在显著影响，并带来了粮食消费结构的转变，从而影响粮食产量；马述忠等（2015）指出城镇化引发了巨大的粮食需求，提高了耕地利用的强度，从而能够确保国内粮食供给，但其产生的不利影响是恶化了耕地质量。潘元洋（2024）从地级市层面分析江苏省城镇化对粮食生产的影响，发现在江苏省城镇化发展过程中，适度规模经营的发展、农业机械的推广应用以及财政支农资金的投入可以对粮食生产产生推动作用，能够缓解劳动力减少和耕地占用的负面影响。

1.3.3 气候条件与粮食生产

气候变化已成为国际社会广泛关注的议题。气候描述的是某地区在时间尺度上的平均状况及趋势，即气候条件是气候变化的具体表征。粮食生产与气候变化关系密切，气候的变化使农业生产格局、种植模式等受到冲击与改变，偏离了农业发展与长期运作的相对稳定状态（Yi Yang et al.，2024），最终影响粮食产量、威胁粮食安全，因此受到政府部门、学术界的普遍关注。联合国政府间气候变化专门委员会（Intergovernmental Panel on Climate Change，IPCC）在20世纪80年代就研究了温度、降水等气候因素对农作物产量的影响（Iglesias A et al.，2000）。已有研究主要围绕气候变化对粮食产量、种植制度、农户响应、生产布局、作物生长期、农业灾害、生产潜力评估等内容展开（覃志豪等，2013）。关于粮食产量的影响，田涛等（2010）的研究表明，气温每升高1度，水稻、小麦、玉米的生长期分别平均缩短7~8天、17天、7天，并将导致作物产量相应下降5%~10%。有研究通过对玉米和大豆的研究（Chen S et al.，2016）发现，气候因素与玉米、大豆单产之间存在先增后减的非线性关系，气候条件偏离最优拐点越远，其负面影响越大。陈帅（2015）考察了气候变化对中国小麦生产的影响，发现气温上升对小麦生产力的影响在不同时间节点存在差异，但总体上，气温变化、日照减少及降水时空分布不均衡造成了减产。陈帅等（2016）进一步考察了气候变化对水稻和小麦生产影响的非线性关系，气温、降水和日照对水稻和小麦单产的影响都存在"先增后减"的非线性特征，并存在最优拐点。谢立勇等（2014）的研究发现，气候变化对粮食生产的冲击更加敏感，某些区域的气候变暖提高了粮食产量，但给作物品质带来负面影响，并改变了气候灾害与病虫害的发生规律，导致损失增加。尹朝静等（2016）分析了气候变化对粮食产量的影响及其区域差异性，发现降水增加和气温上升均对粮食产量产生了正向影响。同时，降水量和气温对粮食产量的影响具有显著的非线性关系。缪丽娟等（2023）通过研究气候变化对黄淮海平原两种主要作物（夏玉米和冬小麦）产量的影响，发现干旱强度及频率的增强减缓了粮食增产趋势，对北部粮食作物（夏玉米和冬小麦）产量的负面作用更为显著。

需要注意的是，气候变化的影响存在地域性（Vermeulen S J et al.，2012），不同区域农作物种植对气温、降水等气候要素的响应是不同的（Hatfield J L et al.，2011），降水量能够影响农作物产量，降水量增多的年份可以通过减少灌溉来维持农作物用水，降水量过大则会产生洪涝灾害，而在干旱气候下的减产则是不可避免的（袁锋等，2016）。气温升高不仅直接影响不同地区的农作物种植种类，还会引发粮食作物生长的季节性变化，从而影响不同区域农作物的种植制度和管理安排。在高纬度地区，气温升高会延长农作物的生长周期，而农作物也会向更高纬度地区迁移，使农业种植面积扩大（郭燕等，2024）。同时，有研究指出，气候变暖使我国农作物种植的边界持续向北推移，水稻种植面积比重下降，玉米种植面积比重增长，而小麦种植比重起伏不定（李祎君等，2010）。黄维等（2010）基于县域数据的研究发现，气温波动与降水量变化对县域层面粮食产量的影响存在明显的空间分异特征：气温上升和降水量增加有助于东北、华北以及西北部分地区提升粮食产量，且对其他地区的负面作用较小。持类似结论的还有尹朝静等（2016），他们发现降水增加和气温上升抑制了南方地区粮食产量增长，但对北方地区却有促进作用。此外，陈源源（2021）研究发现，气候变化对粮食产量的影响存在明显的地理分布差异，高纬度地区的气温升高有利于改善区域热量条件，从而促进粮食产量增长；在华北以南的低纬度地区，气温升高则缩短了作物的生长发育期，叠加降水的波动，从而降低了不同地区的粮食产量。综合来看，不同气候条件的变化不仅能够直接影响粮食生产，还能够调节不同地区的粮食生产。

1.3.4　文献评述

现有文献关于城镇化对粮食生产的影响已经进行了丰富的探讨，并取得了一定的理论与应用成果。通过对文献的梳理与汇总为本书打下了良好的前期基础，但仍有值得改进和探索的空间。结合所研究的主题对相关文献进行评述，本书所要探讨的关键问题如下。

（1）在城镇化与粮食生产的关系方面，现有研究较多关注城镇化与粮食生产的单向线性关系。一方面，缺乏对城镇化与粮食生产双系统的交互关系与动态响应的深入了解；另一方面，处于不同城镇化发展阶段的地区对粮食生产的影响可能存在异质性，即城镇化与粮食生产之间并非简单的线性关系，因此有必要考虑城镇化与粮食生产的非线性关系。

（2）相关研究大多关注地区自身，缺乏对空间效应的关注。城镇化激发的要素流动与扩散效应，使农村劳动力、农业机械化服务等生产要素投入的空间流动性日渐频繁，从而使农业生产地区间的空间关联也日渐紧密（单宁珍，2023）。因此有必要在空间溢出效应下考虑城镇化对粮食生产的跨区域影响。

（3）现有研究缺乏对城镇化影响粮食生产作用路径的深入探讨。相关文献大多基于城镇化带来的劳动力替代效应、土地规模效应等角度进行分析，而城镇化扩张最直观的影响是耕地减少，并导致在存量耕地上要素投入配置的改变，引发耕地利用程度的变化，进而影响粮食生产。鲜有文献对这一作用路径展开深入探讨。同时，也未考虑气候条件的区域差异性给粮食生产带来的不同影响。

综上，本书在已有文献的基础上，以生产函数理论、可持续发展理论等为理论基础展开研究。首先，使用熵值法综合评估城镇化综合水平。采用PVAR模型建立城镇化与粮食生产之间的交互关系，并通过脉冲响应函数与方差分解考察该交互关系的变化及其动态响应特征。其次，采用面板门槛模型考察城镇化与粮食生产之间关系的非线性特征，讨论处于不同城镇化发展阶段的地区对粮食生产的差异化影响，进一步建立空间计量模型考察城镇化影响粮食生产的空间溢出效应及区域异质性。最后，利用有调节的中介效应模型检验耕地集约利用在城镇化影响粮食生产中发挥的中介作用及不同气候指标对耕地集约利用中介效应的调节作用，并揭示气候条件调节作用的区域异质性。

1.4 研究思路与研究内容

1.4.1 研究思路

本书在宏观层面的时间序列分析以中国31个省份（不包括港澳台地区）为研究样本，在中观层面的实证检验分析以286个地级市及以上城市为研究样本。在了解城镇化与粮食生产之间交互关系的基础上，重点考察城镇化影响粮食生产的非线性特征及空间溢出效应、耕地集约利用的中介作用与气候条件调节作用的双重效应下城镇化如何影响粮食生产。本书围绕城镇化对粮食生产的影响及作用路径开展实证分析，通过对相关理论的回顾与总结，了解中国粮食生产相关研究的进展与不足，理解城镇化、粮食生产、耕地集约利用等重要的概念和理论，以土地稀缺性理论、分工理论、比较优势理论、可持续发展理论为基础，构建"城镇化—耕地集约利用—气候条件—粮食生产"的理论分析框架。具体实证检验的思路如下。

首先，使用熵值法从人口、土地、经济等维度对城镇化水平进行综合评价以替代单一城镇化指标，运用PVAR模型分析城镇化与粮食生产的交互关系及其动态响应特征。

其次，在了解城镇化与粮食生产之间交互关系变化的基础上，采用面板门槛模型检验城镇化影响粮食生产的非线性门槛特征，分析处于不同城镇化发展阶段的地区对粮食生产的差异化影响，并进一步采用空间计量模型分析城镇化对粮食生产的空间溢出效应。

最后，在使用中介效应模型检验耕地集约利用对粮食生产的直接影响和间接影响的基础上，考虑到气候条件的区域差异，将耕地集约利用的中介作用与气候条件的调节作用进行融合，基于有调节的中介效应模型深入考察城镇化影响粮食生产的作用路径及区域异质性。

1.4.2 研究内容

本书的核心主题是城镇化对粮食生产的影响效应及作用路径。本书的核心研究内容包括城镇化进程及粮食生产的现状与趋势、城镇化与粮食生产间的交互关系与动态响应、城镇化影响粮食生产的非线性特征与动态空间效应、城镇化如何通过耕地集约利用影响粮食生产、在耕地集约利用的中介作用与气候条件调节的双重作用下城镇化影响粮食生产的作用路径。具体如下。

第一，参考相关文献与著作，本书对城镇化、粮食生产、耕地集约利用与气候条件等核心概念进行界定；梳理概括土地稀缺性理论、二元经济结构理论、比较优势理论和可持续发展理论的主要内容和观点；在基础理论阐述的基础上，分析城镇化对粮食生产的影响及城镇化影响粮食生产的作用机理等，为后续实证检验奠定理论支撑。

第二，城镇化进程与粮食生产的发展趋势。研究基于对全国及省级统计面板数据的收集与整理，了解中国城镇化进程的发展阶段。本书不仅从时序变化上分析省际人口城镇化、土地城镇化和经济城镇化的发展趋势与差异，还从粮食产量、粮食播种面积、粮食单产等方面的时序变化分析粮食生产的现状与趋势，并探讨了小麦、玉米和稻谷等不同粮食作物的差异性特征。

第三，城镇化与粮食生产的交互关系：动态响应特征。由于常住人口城镇化率难以全面反映城镇化水平，本书从人口集聚、土地扩张、非农经济增长等方面选取指标，基于熵值法评估城镇化综合水平，并以粮食产量表征粮食生产的供给水平。研究采用PVAR模型建立城镇化与粮食生产的交互关系，并进一步运用脉冲响应函数和方差分解深入分析城镇化与粮食生产交互关系的动态响应特征。

第四，城镇化对粮食生产的影响效应：非线性特征。在了解城镇化与粮食生产互动关系变化的基础上,研究探讨城镇化对粮食生产的影响及其差异化特征。首先建立普通面板计量模型进行基准回归,检验城镇化对粮食生产影响的方向与程度。考虑到在不同的城镇化阶段,城镇化因农村劳动力转移、耕地利用、技术进步等禀赋因素的不同,对粮食生产的影响作用存在差异,因此城镇化的影响可能是非线性的。研究进一步构建动态面板门槛模型,检验城镇化影响粮食生产的非线性门槛特征及不同城镇化发展阶段的影响差异。

第五,城镇化对粮食生产的影响效应:空间溢出特征。农业生产要素投入的空间流动转移日渐频繁,农业生产的地理空间关联也日渐紧密,因此需要考虑粮食生产的路径依赖性与空间关联性。为此,本书建立动态空间面板计量模型,检验城镇化对粮食生产影响的空间溢出效应的方向和程度,并进行动态空间效应的分解,了解城镇化对粮食生产的直接影响与间接影响、短期影响与长期影响。

第六,双重效应下城镇化对粮食生产的作用路径。研究选取复种指数、单位面积劳动力、化肥投入等指标,基于熵值法测度耕地集约利用水平。气候条件指标主要选择气温、降水量与日照时数等对粮食生产影响较明显的气候因素。考虑到粮食生产要素空间流动形成的空间效应,研究引入空间滞后变量。一方面,基于传统 Bootstrap 中介检验法,初步了解耕地集约利用在城镇化对粮食生产中的中介作用;另一方面,考虑气候条件的调节作用,构建有调节效应的中介效应模型。在双重效应下,检验城镇化影响粮食生产的作用路径,分析不同气候指标在其中发挥的调节作用,并进行分区域的异质性检验。

第七,研究结论与政策启示。根据以上分析,汇总本书的主要结论,并立足于城镇化高质量发展、保障粮食供给、优化生产要素结构配置与适应气候变化等多个层面提出维持城镇化高质量发展与保障粮食安全协调共进的政策启示。

1.5　研究的创新之处

(1) 在理论方面,丰富了城镇化影响粮食生产的研究内容。一方面,以往研究忽视了不同地区城镇化发展阶段的差异，仅对两者间的线性关系展开研究，但不同城镇化水平的地区对粮食生产的影响可能是不同的，故本书深入考察了城镇化对粮食生产的影响效应与非线性特征；另一方面，现有文献很少从耕地利用的角度分析城镇化对粮食生产的影响，同时，农业领域对于气候变化影响的适应性与差异性也缺乏深入探讨。本书不仅考虑了城镇化引致耕地集约利用水平变化进而导致的粮食生产变化的问题，还进一步考虑了气候条件的区域性差异，构建了气候条件调节作用下城镇化通过耕地集约利用变化影响粮食生产的理论分析框架，在耕地集约利用的中介作用与气候条件调节作用的双重效应下，对城镇化进程中的粮食生产问题展开深入研究，以期能够在社会经济与自然环境综合系统中全面评估城镇化进程中的粮食生产问题。

（2）在实证方面，拓展了城镇化影响粮食生产的计量检验方法。考虑到处于不同城镇化发展阶段的地区，城镇化对粮食生产的影响存在差异，本书构建动态面板门槛模型，考察了城镇化与粮食生产之间的非线性门槛特征。传统空间计量模型多数从一种静态空间特征的视角来考察地区间的空间相关性，忽视了地区间要素流动产生的空间关联效应，且考虑到粮食生产过程中存在的路径依赖，本书构建动态空间计量模型检验城镇化对粮食生产影响的空间效应。在中介效应的检验中引入气候条件的调节效应，构建有调节的中介模型，在气候条件的调节作用下检验城镇化通过耕地集约利用变化影响粮食生产的中介作用路径，并考察气候条件差异引起的区域异质性。

（3）在研究视角和尺度方面，为了能够在更小的尺度上考虑区域内部的差异，地级市层面的检验能够更加清晰地反映省级内部粮食生产的差异，本书将实证研究的样本延伸至地级市层面，探讨全国地级及以上城市城镇化对粮食生产的影响机制及对生产效率的影响程度。

第 2 章

理 论 基 础

2.1 土地稀缺性理论

土地是自然资源中不可再生的一种稀缺性资源。土地的稀缺性是土地供需矛盾的一种特性（蒋修念，2014），是一种在特定时间内、不同地区间、不同用途的土地利用的冲突、供不应求的现象。土地的供给是可利用的土地供应，即地球上人类活动所能利用的生产生活的用地规模，通常包括自然供给和经济供给。自然供给是自然环境提供的可利用的各类土地资源，经济供给是在自然供给的基础上，各类可利用土地资源分配于不同用途的土地规模（梁尚书，2009）。土地稀缺性主要表现在自然赋予的可利用土地资源的总量是一定的、有限的，一方面存在土地供给总量与需求总量的矛盾，另一方面在不同用途的土地利用之间存在此消彼长的竞争关系，主要由土地位置的固定性、自然供给的绝对有限性和土地报酬的边际递减性造成。这种稀缺性既不会因人类的需求增加而发生变动，也不会因技术的进步而变化。虽然自然因素（地震、洪水等）和人为的填海造陆对土地面积会产生一定的影响，但是人类活动中可利用的土地面积仍然是有限的（徐鹏雲，2018）。

土地位置的不变性和土地质量的差异性，造成不同地区（如人口是否密集）和不同用途的土地（建设用地、农用地等）供给的稀缺性，而人口增长与社会经济的发展则进一步导致土地稀缺的绝对性（徐鹏雲，2018）。在一定规模的土地供给中，随着城镇化进程加快和工业化的发展，城镇建设用地的规模不断扩张，相应的耕地也面临着被城镇建设用地占用的问题，导致耕地的数量和质量下降。虽然可以通过占补平衡政策、土地开发整理或开荒复垦等手段增加耕地面积，但农业生产面临的耕地稀缺现象依然长期存在。因此，耕地资源的稀缺性构成了集约利用耕地的基础，即人们必须优化土地利用结构，节约集约利用耕地，促使耕地资源利用的产出效益达到最优。

此外，耕地的利用还存在边际报酬递减规律。对于一定面积的可利用耕地，在技术水平和其他生产要素相对不变的情况下，当不断增加某一种可变物质要素投入量（劳动力、资本等）时，耕地产出表现为随可变要素投入的增加而增加，但当要素持续增加到某个特定值后，再增加要素投入量，边际产出将开始递减。引起边际报酬递减的主要原因在于在生产的开始阶段，增加可变要素能够促使不变要素逐渐得到有效利用，此时增加一单位可变要素所带来的边际产出是增加的；当可变要素增加到与固定要素组合配置恰当的数量时，可变要素的边际产出达到最大，此后，如果继续增加可变要素，则意味着固定要素与可变要素的组合中可变要素相对过多，而不变要素则相对投入不足，此时，如果继续增加可变要素，虽然总产出增加，但总产出的增加量则开始出现递减，这时增加一单位可变要素所带来的边际产量是递减的（高雅，2005）。根据此规律，耕地利用可分为粗放利用、集约利用与过度利用三个阶段。随着城镇化进程的深入，如何在单位面积耕地上承载更多的人类活动，实现社会经济与自然环境的协调均衡，是集约利用耕地的关键（刘洪等，2009）。

2.2 二元经济结构理论

二元经济结构理论最早是由美国经济学家阿瑟·刘易斯（Authur Lewis）在其著作《劳动力无限供给下的经济发展》（*Economic Development with Unlimited Supplies of Labour*）中提出的。他提出，发展中国家的经济结构是由现代化的工业部门和较落后的传统农业部门构成的，工业部门采用现代化的生产方式，不仅劳动生产率高，且工资水平也相对较高，而农业部门则利用传统方式进行生产，劳动生产率低，收入水平也相对较低。他认为由于农业、非农部门间存在的巨大劳动生产率差异是二元经济结构形成的主要原因，非农部门能够从农业劳动力的转移中获取巨额利润，继而对农业劳动力产生较强的吸纳能力，但随着劳动力转移的持续深入，非农部门的边际生产率将不断下降，并最终实现农业部门与非农部门边际劳动生产率相等（王振华，2014）。该理论后来经过了费景汉和拉尼斯等（Fei，John C H and Gustav Ranis，1964）的补充，并形成了"刘易斯—拉尼斯—费"模型，他们认为刘易斯忽视了农业对于非农部门的贡献作用。原因在于，农业部门不仅能为非农部门提供充足且廉价的劳动力，还能为非农部门提供农产品支持。当农产品的供给不仅能满足农民自身消费需求，还能将剩余部分用于支持非农部门时，此时的剩余部分即为农业剩余。当农业劳动力总量随城镇化、工业化逐渐减少时，加快农业发展与提高农业生产率是促进工业进步和转移农村剩余劳动力的关键。"刘易斯—拉尼斯—费"模型主张传统农业部门与现代化工业部门平衡发展的思想，认为工业化进程中不能忽视农业生产率的提高，如果忽略农业部门的发展，非农部门就没有稳固的根基，会因粮食短缺而受阻，难以实现长远发展（丁宁，2019）。农业剩余产品的出现是非农部门发展的必要条件（孙全胜，2018），只有当农业部门和非农部门均衡发展时，非农部门的发展才不会受阻，从而使农业部门的农业剩余刚好满足非农部门对农产品的需求（Fei and Ranis，1964），此时能够促进农业部门与非农部门的均衡发展，实现二元经济的一体化。出于对"刘易斯－拉尼斯－费"模型的思考，经济学家乔根森认为，农业剩余是劳动力由农业部门转移到非农部门的重要条件，应更重视农业发展和技术进步（Jorgenson D W，1961）。

二元经济结构理论能够为理解城乡间的经济差异带来启示。具体到城乡间的二元经济结构，它主要包括以社会化生产为主要特征的城市经济与以小农生产为主要特征的农村经济。因此，发展中国家的现代化发展在很大程度上取决于城乡二元结构向现代经济结构的转换进程。突破或消除城乡二元结构的关键在于实现城乡的良性互动，转移农村剩余劳动力，提高劳动生产率，使农村经济与城市经济均能同时得到发展。当农村剩余劳动力完全转移为市民后，城乡二元经济就会转化为城乡一体化，但前提条件是农业的现代化。具体到中国的城镇与农村，两者的面积基本此消彼长。城镇化发展不仅直接导致耕地面积的减少，还促进了农村剩余劳动力向城镇转移，二元经济结构理论为城镇化与粮食生产之间的协调发展提供了理论基础。虽然产业结构升级使农业不再是主导产业，但在城镇化进程中仍不能忽视粮食生产的基础支撑作用。在这个过程中，耕地面积减少、农村劳动力向非农转移或农户种粮意愿降低是难以避免的，要立足于农业的长期发展，一方面通过技术进步提高粮食生产效率，另一方面通过挖掘耕地利用潜力保障粮食产出，防止城镇化对粮食生产造成负面影响，并最终实现城镇化与粮食生产的均衡协调发展。

2.3 比较优势理论

比较优势的概念最早应用于解释国际贸易问题，大卫·李嘉图（David Ricardo）在其著作《政治经济学及赋税原理》（*On the Principles of Political Economy and Taxation*）中提出了比较优势贸易理论（Comparative Advantage），它区别于亚当·斯密（Adam Smith）提出的区域间商品的价格优势和成本优势存在绝对差异，贸易各方应集中生产和出口具有绝对优势的产品，进口其不具有绝对优势的产品的绝对优势理论（Absolute Advantage），但一个国家并不是在所有产品上都具有绝对优势，比较优势理论随之产生，并发展了绝对优势理论。比较优势理论认为，即使某国家（或区域）不同部门的产品成本都优于另一个国家（或区域），通过合理分工，生产各自具有比较优势的产品，参与国际贸易的双方都能得到满意的收益。国际贸易的基础是生产技术引起的劳动生产率的相对差别（而非绝对差别），以及由此产生的相对成本的差别，从而使各国能够在不同产品上产生比较优势，使国际分工和贸易成为可能（段顾等，2019）。每个国家都应集中生产并出口具有比较优势的产品，进口具有比较劣势的产品（即"两优相权取其重，两劣相衡取其轻"），双方均可节省劳动力，获得专业化分工，提高劳动生产率。比较优势理论显示，即使一个国家不具有任何绝对优势，仍然可以通过参与国家间的分工与贸易来获取比较收益,它在更普遍的意义上解释了贸易产生的基础。比较优势理论认为国际贸易的比较优势来源于各国生产技术的差异,但即使生产技术相同,资源禀赋条件上的差异也会产生不同的竞争优势。因此单纯采用生产技术的差异反映国际贸易中的比较优势是片面的。瑞典经济学家赫克歇尔(Hikchel)及其学生俄林(Ohlin B G)拓展了比较优势理论,提出了资源禀赋理论(Heckcher – Ohlin Theory,H – O 模型),该理论将国际贸易中的比较优势差异归因于生产要素禀赋的差异,并充分考虑到要素价格和要素收入分配问题。劳动力丰裕国家的比较优势在于生产和出口劳动密集型产品,资本丰裕国家的比较优势在于生产和出口资本密集型产品(马惠兰,2004)。比如,中国自改革开放以来的对外贸易基本遵循比较优势理论,充分发挥了丰裕的劳动力规模优势,更好地嵌入全球贸易价值链中一个重要的环节,从而能够参与全球贸易分工网络(刘蓉,2023)。出口也成为拉动中国经济增长的"三驾马车"之一。随着研究的深入,比较优势理论得到了完善和发展,比如保罗·克鲁格曼(Paul P·Krugman)提出的规模经济理论、马克尔·波特(Macheal Porter)提出的竞争优势理论、林德(Linder)提出的收入偏好相似论等。

具体到中国的粮食生产问题,比较优势理论为解释城镇化进程中的粮食生产变化趋势与差异提供了理论借鉴。针对中国的不同区域,拥有比较优势是粮食生产保持规模的基础,并在一定程度上决定了区域间的产业结构(张毅,2003)。粮食生产比较优势的差异主要体现在不同地区所拥有的禀赋条件、生产要素、资本投入等数量和质量上的差异,这些差异可以从农业内部和区域间分别阐述。在农业内部,表现为粮食作物与经济作物在生产条件、基础设施、成本收益等方面的不同,不同地区能够根据自身的自然资源、地理气候条件的适应性种植不同的作物,从而在区域间形成不同的优势作物,然而粮食生产的成本上升与收益下降,降低了种粮的比较收益。在不同区域,产业结构升级使农业比重下降,但下降幅度存在差异,比如,南方粮食生产已经显著弱于北方,这主要源于南方城镇化程度高,要素成本上升,自给率下降,种粮已不再具有比较优势。在微观层面,不同地区的农户会通过权衡做出符合自身利益的生产行为,或选择种植收益更高的经济作物,或选择从事非农行业。反映到宏观层面,粮食生产在区域间形成不同的分工与协作,逐渐引发粮食生产格局的变迁。

2.4 可持续发展理论

世界环境与发展委员会(the World Commission on Environment and Development,WCED)在1987年发表了《我们共同的未来》(*Our Common Future*),这被认为是可持续发展理论(Sustainable Development Theory)的起点。可持续发展理论是指既满足当代人的需求,又不损害后代人满足其需求能力的发展,以公平性、持续性、共同性为三大基本原则(张晓玲,2018)。公平性原则强调机会选择的公平,包括两个方面:一是当代人的公平,即同时代人们之间的横向公平;二是代际公平,即后代人与当代人之间的纵向公平。由于人类活动赖以生存与发展的自然资源是有限的,因此可持续发展不仅要实现当代人的公平,还要实现当代人与未来各代人之间的公平,确保后代人和当代人具有同样的权利来满足对资源环境的需求。持续性原则是指生态系统在受到某种干扰时仍能保持其生产力的能力。资源的持续利用和生态系统的持续自我修复是可持续发展的基础条件,它强调长期发展,在时间上具有依存性(张晓玲,2018),这就要求人们在生态自净的可能范围内调整生产生活方式,合理开发与利用自然资源,确保可再生资源保持其再生能力,非再生性资源不被过度消耗并提高利用效率。共同性原则涉及全球的共同行动与利益,地球生态的整体性要求国家在满足自身发展需求的同时,应具有共同的可持续发展理念和责任感。

可持续发展促使各地区从"以经济、社会目标为中心"向"以环境为中心"转变,旨在实现人口、经济、资源、环境等效应的提升与协调均衡,即人与自然和谐发展。在现实中,发展与可持续性之间存在博弈。人类活动的目的是实现人类的全面发展与进步,通过不断生产以提升人们的物质水平和生活水平。然而在生产过程中,需要投入更多的资源,这往往以牺牲生态平衡为代价,带来环境的污染和资源的消耗,威胁人类的生存环境,因此发展的规模和速度必须与资源环境的可持续性相协调。

具体到土地利用方面,城镇化扩张与土地利用类型的变化同样需要以可持续发展为基础。土地资源是人类活动的承载主体,并为各种客体的发展提供条件。城镇土地与农业用地均是为了满足人类可持续发展的不同需求,城镇的扩张与耕地的利用面临竞争与冲突,城镇化发展必然导致对耕地的占用。土地资源是有限的,土地利用的可持续性要求承载客体间维持动态平衡,保持土地承载力的持续性,不会导致土地适宜性的退化,不能超过资源环境的承载能力(林巍,2015)。城镇化发展对土地产生了大量需求,建设用地面积不断增加,而耕地直接受到影响。要保持土地承载力的持续发展,需要协调城镇化发展与耕地资源利用和农村农业发展的关系,不能以牺牲耕地资源的产出为代价,需要寻求城镇化发展与农业生产的平衡。只有土地资源上承载的不同客体实现了均衡发展,才能实现土地利用的可持续发展,推动城镇化高质量发展,并保障粮食安全。

第 3 章

中国城镇化进程与粮食生产的变化趋势

本章主要从全国及省级宏观层面的时间序列数据对改革开放以来中国城镇化进程与趋势特征、粮食生产耕地投入、产出规模及粮食生产现状等方面展开详细的描述性统计分析与梳理，并按不同粮食功能区分析区域差异，按不同粮食作物分析种类差异。城镇化进程与发展态势主要从人口城镇化、土地城镇化与经济城镇化三个维度展开描述性统计分析。粮食生产要素主要从粮食产量、粮食播种面积、粮食单位面积产量等基础要素投入与产出方面进行分析。

3.1 变量说明与数据来源

（1）城镇化不仅是农村人口不断流向城镇、城镇人口数量不断增加、城镇土地规模不断扩大的演化过程，也是非农部门不断向城镇集聚与发展、经济结构不断转型、空间结构不断优化的过程。因此城镇化难以从单一维度进行度量，需要综合考虑多个维度。本书的城镇化包括人口城镇化、土地城镇化及经济城镇化。其中，人口城镇化以常住人口城镇化率（城镇人口/总人口）表示，土地城镇化主要考虑城镇建成区面积的变化，经济城镇化则以非农产业增加值占 GDP 的比重表示。

（2）粮食生产一般可以表示在一定的经济激励和农业技术条件下，由资本、物质要素和劳动力资源等各要素的投入，通过改善生产条件，并经过人工培育，最终稳定地达到一定粮食产量的过程。本书的粮食生产指标包括粮食产量、单位面积粮食产量、粮食作物播种面积等基本变量。

本书所用宏观数据包括改革开放以来全国及各省份城镇化与粮食生产要素投入及产出的时间序列数据与面板数据。具体包括：全国及31个（不包括港澳台地区）省份（1978～2023年）的常住人口城镇化率、粮食产量、播种面积、粮食单产等描述性分析数据，数据来源包括《中国统计年鉴》《中国农村统计年鉴》《改革开放三十年农业统计资料汇编》《历史的跨越——农村改革开放30年》《中国农业统计资料》《全国农产品成本收益资料汇编》《中国农产品价格调查年鉴》、各省统计年鉴、国家统计局的国家数据网站以及FAO数据库。

全国层面的区域划分根据研究需求主要分为南北方、不同农业区划和粮食功能区。其中，不同农业区划包括东北地区、华北地区、西北地区、西南地区、长江中下游地区和东南沿海地区。南北方划分则大致以秦岭—淮河为界线，北方地区包括东北、华北和西北地区的15个省份，南方地区则为西南、长江中下游、东南沿海地区的16个省份。粮食功能区的划分源于2001年的粮食流通体制改革[1]，主要依据各省份粮食生产与消费的总体特征，综合考虑禀赋差异与历史传统，将区域划分为粮食主产区、粮食平衡区和粮食主销区[2]。

3.2 中国的城镇化进程

3.2.1 改革开放以来的城镇化进程

城镇化是农村人口不断向城镇集聚、城镇边界不断向农村延伸的过程，其中人口的迁移与集聚是城镇化的核心。关于城镇化水平的衡量标准虽然尚

---

[1] 资料来源：http://www.gov.cn/gongbao/content/2001/content_60987.htm。
[2] 虽然近年来南方主产区省份的粮食生产规模有所下降，但产量规模依然较高，故粮食功能区划分未进行调整。

存在争议，但通常来说，政府文件和相关报告一般都采用人口城镇化率，即城镇人口占地区总人口的比重来反映城镇化水平的高低，这也是人口向城镇流动的直观指标。根据城镇化的诺瑟姆曲线（Northam Curve），城镇人口比重在30%以下是城镇化进程的初级发展阶段，30%~70%是城镇化进程的加速发展阶段，70%以上是城镇化进程的后期稳定阶段。改革开放以来中国的历次体制改革可以说是推动城镇化的主要动力，根据城镇化水平的增长趋势与相关政策的出台时间节点，接下来通过数据统计与政策梳理可将改革开放以来的城镇化进程大致划分为三个阶段：恢复发展阶段（1978~1995年）、加速发展阶段（1996~2013年）与新型城镇化发展阶段（2014~2023年）。改革开放以来中国城镇化进程见图3-1，改革开放以来出台的城镇化相关政策梳理见表3-1。

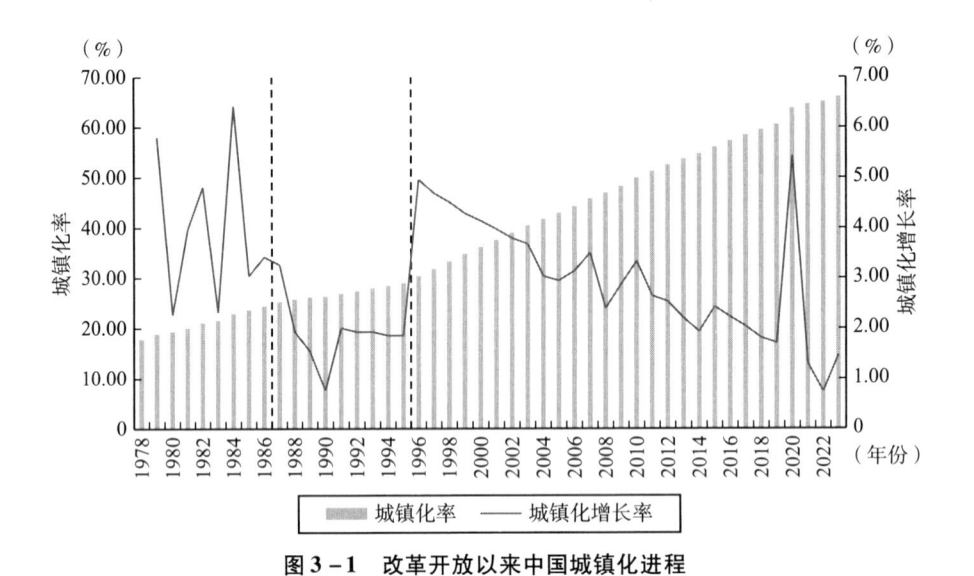

图3-1 改革开放以来中国城镇化进程

资料来源：根据国家统计局网站数据（https://data.stats.gov.cn/easyquery.htm?cn=E0103）整理绘制。

表3-1　　　　改革开放以来出台的城镇化相关政策梳理

时间节点	出台部门或会议	政策名称	核心内容
1978年	第三次全国城市工作会议	—	控制大城市，多搞小城镇

续表

时间节点	出台部门或会议	政策名称	核心内容
1979 年	党的十一届四中全会	《中共中央关于加快农业发展若干问题的决定》	有计划地发展小城镇建设和加强城市对农村的支援
1980 年	全国城市规划工作会议	—	控制大城市扩张规模，合理发展中等城市，积极发展小城镇
1992 年	邓小平南方谈话与党的十四大	—	建立社会主义市场经济体制
1993 年	党的十四届三中全会	《中共中央关于建立社会主义市场经济体制若干问题的决定》	要重点建设开发区与大城市，加强对乡镇企业集聚的规划与引导，在对现有小城镇充分利用与改造的基础上，进一步建设和发展新的小城镇
1994 年	国家计委等六部委	《关于加强小城镇建设的若干意见》	我国第一个关于小城镇健康发展的指导性文件，是政府引导城镇化的开端
1995 年	民政部等十一部委	《中国小城镇综合改革试点指导意见》	要推进对小城镇的改革发展与建设
1998 年	中共中央	《关于农业和农村工作若干重大问题的决定》	发展小城镇，是带动农村经济和社会发展的一个大战略
2000 年	中共中央、国务院	《关于促进小城镇健康发展的若干意见》	小城镇建设中存在一些不容忽视的问题
2008 年	中共十七届三中全会	《中共中央关于推进农村改革发展若干重大问题的决定》	允许农民以转包、出租、互换、转让、股份合作等形式流转土地承包经营权，发展多种形式的适度规模经营
2013 年	中央经济工作会议	—	围绕提高城镇化质量，因势利导、趋利避害，积极引导城镇化健康发展
2014 年	中共中央、国务院	《国家新型城镇化规划（2014—2020 年）》	有序推进农业转移人口市民化、优化城镇化布局和形态、提高城市可持续发展能力、推动城乡发展一体化、改革完善城镇化体制机制
2016 年	国务院	《关于深入推进新型城镇化建设的若干意见》	积极推进农业转移人口市民化、加快培育中小城市和特色小城镇、辐射带动新农村建设、完善土地利用机制等
2020 年	国家发展和改革委员会	《2020 年新型城镇化建设和城乡融合发展重点任务》	加快实施以促进人的城镇化为核心、提高质量为导向的新型城镇化战略

1. 恢复发展阶段（1978~1995年）：小城镇发展为主导

1978年中国共产党十一届三中全会的召开拉开了改革开放的大幕，改革的重点开始转向城市，并逐渐向农村延伸。农村经营体制改革，尤其是家庭联产承包责任制的实行，使农民能够离开土地进城务工，"先进城后城建"促使中国的城镇化由停滞徘徊逐渐恢复正轨。经济特区、沿海开放城市、海南岛、上海浦东等陆续设立与开放，户籍管理制度开始放开，加速了要素空间流动，并吸引大量农村人口加速流向城镇，城镇出现了大量农村户口的暂住人员。乡镇企业的兴起逐渐带动了小城镇的发展。受限于仍然严格的城乡户籍制度、社会福利制度等，农村劳动力流动的约束依然存在。因此，农村人口进入小城镇的成本要比进入大城市低，且在小城镇发展的乡镇企业能够较好地吸纳过剩的农村劳动力人口。

1979年党的十一届四中全会通过的《中共中央关于加快农业发展若干问题的决定》提出有计划地发展小城镇建设和加强城市对农村的支援。这是加快实现农业现代化，实现四个现代化，逐步缩小城乡差距、工农差距的必经之路。1980年的全国城市规划工作会议又确定了"控制大城市扩张规模，合理发展中等城市，积极发展小城镇"的方针。在国内市场需求拉动和外向型经济发展推动的合力下，沿海地区出现的以劳动密集型轻工业为主的小城镇发展带动了就业人口的明显增长。1994年《关于加强小城镇建设的若干意见》、1995年《中国小城镇综合改革试点指导意见》以市场经济体制改革为契机，为城镇化的深化提供了增长动力，进一步促进了人口的大规模流动，并为后续的快速发展奠定了体制机制基础。综上所述，在该阶段主要表现为以小城镇为主导的城镇化推进过程。小城镇数量增长与规模扩张的发展成为吸纳农村剩余劳动力的重要力量，农民逐渐从欠发达的农村地区向较发达的城镇地区转移。

2. 加速发展阶段（1996~2013年）：土地规模扩张为主导

这一阶段的社会主义市场经济体制改革继续深化，极大地推动了我国城镇化进程，带动长三角、珠三角等沿海地区经济的快速发展。随着小城镇的改革试点与土地制度的改革，大城市的规模经济效应开始凸显，主要表现为城市规模的扩张与工业区建设等（刘秉镰等，2019）。本阶段城镇化与城市土地扩张紧密关联，地方政府逐渐加强对土地财政的依赖，土地规模的扩张也带动了房地产行业的飞速发展，以城镇建设用地扩张为主的土地城镇化模式也带来城市空间发展失衡的问题。

国家在《中华人民共和国国民经济和社会发展第十个五年计划纲要》《中华人民共和国国民经济和社会发展第十一个五年规划纲要》《中华人民共和国国民经济和社会发展第十二个五年规划纲要》中分别提出"在着重发展小城镇的同时，积极发展中小城市，完善区域性中心城市功能，发挥大城市的辐射带动作用，提高各类城市的规划、建设和综合管理水平，走出一条符合我国国情、大中小城市和小城镇协调发展的城镇化道路""坚持大中小城市和小城镇协调发展，分类引导人口城镇化，形成合理的城镇化空间格局""遵循城市发展客观规律，以大城市为依托，以中小城市为重点，逐步形成辐射作用大的城市群，促进大中小城市和小城镇协调发展"。中央政府层面已经认识到依赖土地规模扩张的城镇化模式具有不可持续性。在政府主导下的西部大开发、东北振兴、中部崛起等一系列发展战略的实施，将城镇化由东南沿海延伸向内陆，有利于增强城镇化的区域协调性。综上所述，该阶段主要表现为以土地规模扩张为主导的城镇化推进过程，并暴露了城镇化无序扩张过程中存在的问题。

3. 新型城镇化发展阶段（2014~2023年）：高质量发展为主导

在经历了前两个阶段的城镇化扩张过程后，城镇化已经积累了诸多突出的人地矛盾和现实问题，人口城镇化严重滞后于土地城镇化，导致重视土地扩张、轻视人口流动的"重物轻人"城镇化模式难以为继，城镇规模的结构和空间分布与资源环境承载力难以匹配，城乡二元体制改革在一定程度上阻碍了城镇化可持续发展（单卓然等，2013）。中国的城镇化走到了新的十字路口，同时，中国经济也面临增长困局。2012年，党的十八大提出"走中国特色新型城镇化道路"，自此中国的城镇化开始进入以人为本、规模和质量并重的发展新阶段。2013年党中央、国务院召开了第一次中央城镇化工作会议，会议强调要提高城镇化发展质量,因势利导、趋利避害,积极引导城镇化的健康发展。而 2014 年《国家新型城镇化规划(2014—2020 年)》的编制出台则标志着我国城镇化建设开始步入新型城镇化的发展阶段。2020 年国家发展和改革委员会刊发的《2020 年新型城镇化建设和城乡融合发展重点任务》进一步提出加快实施以促进人的城镇化为核心、提高发展质量为导向的新型城镇化战略。

新型城镇化是以城乡统筹、城乡一体、产业互动、节约集约、生态宜居、和谐发展为基本特征的城镇化,是大中小城市、小城镇、新型农村社区协调发展、互促共进的城镇化。新型城镇化是以人为核心的城镇化,注重保护农民利益,与农业现代化均衡发展,关键是提高城镇化质量,目的是造福百姓和富裕农民(吴殿廷等,2024)。本阶段的城镇化以高质量发展为导向,其特征主要表现为人口城镇化提速、土地城镇化放缓,人口流动性约束进一步放宽,加速了农民融入城市、城乡融合发展的进程。

3.2.2 省际城镇化发展现状

1. 人口城镇化发展现状

城镇化的核心是人的城镇化,以人为本、合理引导人口流动、有序推进农业转移人口市民化、促进人的全面发展是城镇化发展需要坚持的基本原则,即人口城镇化主要表现为农村人口有序向城镇转移集中,完成户籍转变,享受城镇基本公共服务,并融入城市社会的工作与生活。人口城镇化通常包括常住人口城镇化与户籍人口城镇化,城镇常住人口中的有些人口仍为农村户籍。国家统计局数据显示,2023 年中国的常住人口城镇化率已经超过 60%,但户籍人口城镇化率仅为 48.32%。按照户籍人口计算的城镇化率增长缓慢,不仅远低于发达国家 80% 的平均水平,也低于人均收入与我国相近的发展中国家 60% 的平均水平,因此还有较大的发展空间。

具体从改革开放以来各省份常住人口城镇化率看(见表 3-2),各省份城镇化率均表现出不同幅度的提高,其中年均增长率排名靠前的省份是山东(4.57%)、四川(4.38%)、江苏(3.85%)、广西(3.80%)、湖南(3.78%)

及安徽、云南、湖北、海南、河南等，可以看出增长率较高的省份主要分布在中西部地区，这些省份城镇化水平具有相对较小的增长基数，随着改革开放的深入与经济发展水平的持续提高，这些省份能够获得较高的增长溢出。但较高的年均增长率并不意味着较高的城镇化水平，随着各省城镇化水平的提高及人口的迁徙流动，城镇化率排名靠前的省份是上海（89.46%）、北京（87.80%）、天津（85.49%）、广东（75.43%）、江苏（75.00%），及浙江、辽宁、重庆、福建、内蒙古等，可以看出城镇化率较高的省份主要分布在东部沿海经济发展水平高的地区。整体而言，中国的人口城镇化率呈东中西渐次递减的分布特征。

表3-2　　　　　改革开放以来中国人口城镇化率一览　　　　　单位：%

省份	1978年	1983年	1988年	1993年	1998年	2003年	2008年	2013年	2018年	2023年	年均增长率	2023年排序
北京	54.96	58.63	61.26	74.73	76.89	79.05	84.90	86.30	85.16	87.80	1.05	2
天津	49.49	53.43	55.69	70.44	71.60	74.37	77.23	82.01	94.15	85.49	1.22	3
河北	18.05	19.41	20.71	21.33	24.08	33.51	41.89	48.12	58.74	62.77	2.81	20
山西	19.18	22.32	27.18	29.54	31.03	38.81	45.11	52.56	63.51	64.97	2.75	16
内蒙古	21.80	29.13	49.37	37.26	39.95	44.74	51.72	58.71	66.63	69.58	2.61	10
辽宁	31.73	38.03	41.64	43.59	45.55	47.19	61.04	68.83	69.30	73.51	1.88	7
吉林	30.68	34.46	38.55	40.91	43.14	44.96	45.19	46.98	64.05	64.72	1.67	17
黑龙江	35.88	41.04	45.87	51.27	54.00	52.59	55.40	57.40	70.17	67.10	1.40	12
上海	58.70	62.50	66.50	69.00	73.00	77.60	87.50	90.00	86.42	89.46	0.94	1
江苏	13.73	20.03	49.90	24.02	31.50	46.77	54.30	64.11	67.28	75.00	3.85	5
浙江	43.43	44.16	45.14	45.21	47.29	51.98	57.60	64.01	64.24	74.20	1.20	6
安徽	12.62	14.72	17.48	18.48	22.33	32.00	40.50	47.86	58.32	61.51	3.58	22
福建	19.13	21.41	27.64	36.95	40.71	46.37	53.01	60.76	63.86	71.04	2.96	9
江西	16.75	19.56	20.11	22.55	26.05	34.02	41.36	48.87	59.32	63.13	2.99	18
山东	8.76	10.72	16.32	22.00	25.88	31.10	37.61	42.97	61.29	65.53	4.57	13
河南	13.63	14.56	15.26	16.51	20.79	27.21	36.00	43.80	51.80	58.08	3.27	26
湖北	15.09	18.03	26.81	30.63	31.90	42.00	45.20	54.51	60.99	65.47	3.32	14

续表

省份	1978年	1983年	1988年	1993年	1998年	2003年	2008年	2013年	2018年	2023年	年均增长率	2023年排序
湖南	11.50	14.42	17.65	19.31	25.90	33.50	42.15	47.96	59.62	61.10	3.78	23
广东	46.26	38.21	43.01	47.74	53.29	57.67	63.40	67.76	65.87	75.42	1.09	4
广西	10.61	12.19	41.83	51.22	51.83	49.64	54.23	49.51	50.86	56.78	3.80	27
海南	14.64	16.85	20.19	22.21	25.38	27.25	38.74	37.83	56.28	62.46	3.28	21
重庆	20.20	22.60	24.70	25.80	32.60	41.90	49.99	58.34	65.46	71.67	2.85	8
四川	8.49	9.77	12.23	15.08	17.56	21.05	24.74	28.82	53.95	58.49	4.38	25
贵州	12.06	18.99	30.42	68.21	69.44	24.77	29.11	37.83	46.15	48.84	3.16	30
云南	12.15	14.17	39.68	42.83	47.10	26.60	33.00	40.48	50.40	52.92	3.32	29
西藏	11.31	9.72	13.11	16.29	18.60	20.21	21.90	23.71	31.14	38.88	2.78	31
陕西	16.34	19.69	20.86	24.80	31.90	35.53	42.11	51.30	58.42	65.16	3.12	15
甘肃	14.41	16.25	20.47	22.80	23.52	27.38	32.15	40.13	51.18	55.49	3.04	28
青海	18.59	19.68	33.82	33.86	34.64	38.18	40.86	48.51	57.12	62.80	2.74	19
宁夏	17.17	18.98	23.05	24.36	28.37	36.92	44.98	52.02	58.02	67.31	3.08	11
新疆	26.07	33.28	45.05	46.29	50.10	34.39	39.64	44.47	51.15	59.24	1.84	24

资料来源：根据国家统计局网站数据（https：//data.stats.gov.cn/easyquery.htm？cn=E0103）整理。

根据城镇人口/常住总人口计算中国南北方、粮食功能区、六大农业区划等不同区域常住人口城镇化的变化趋势（见表3-3）。首先，从南北方的变化来看，南北方城镇化率均实现了不同程度的增长，北方由1978年的20.42%上升到2023年的65.24%，增长44.82个百分点，南方由1978年的19.11%上升到2023年的66.70%，增长47.59个百分点，2000年后受个别省份调整统计口径的影响，南方城镇化率增长略显缓慢。总体而言，南方增速更大，并呈现出南北方此消彼长的态势，南方城镇化率在1988年前后超过北方，此后南北方城镇化率的差距经历了先扩大后缩小的趋势，南方地区对人口的吸引力更强，但总体差距并不大，南方地区在2023年的城镇化率略超过北方地区。

表3-3　　　　　　　不同区域常住人口城镇化率变化一览　　　　　　单位：%

区域		1978年	1983年	1988年	1993年	1998年	2003年	2008年	2013年	2018年	2023年
南北方	北方	20.42	23.48	27.68	30.14	33.46	37.76	45.03	51.48	61.67	65.24
	南方	19.11	21.00	30.62	32.84	37.05	40.07	46.51	52.72	60.37	66.70
粮食功能区	主产区	15.87	18.87	25.18	24.63	28.40	35.29	42.20	48.70	60.36	64.50
	主销区	41.45	39.97	43.62	48.70	52.69	57.28	64.09	69.25	69.76	76.60
	平衡区	15.47	18.60	31.18	39.33	42.61	35.27	40.81	46.52	54.30	59.88
六大农业区划	东北地区	32.97	38.23	42.40	45.69	47.99	48.55	55.07	59.36	68.35	69.32
	华北地区	16.40	18.23	21.14	24.53	28.02	34.86	42.92	49.78	61.30	64.97
	西北地区	18.65	22.96	31.18	30.63	34.48	35.64	41.60	49.12	57.06	62.93
	西南地区	11.83	14.41	23.17	32.25	35.83	25.94	30.85	37.21	53.09	58.85
	长江中下游地区	15.71	19.34	29.35	25.08	29.91	40.26	48.01	55.87	63.27	67.75
	东南沿海地区	32.11	30.26	39.92	45.32	48.75	51.98	57.86	61.49	62.14	70.91

资料来源：根据国家统计局网站数据（https：//data.stats.gov.cn/easyquery.htm？cn=E0103）整理。

从不同粮食功能区的城镇化率来看，主销区＞主产区＞平衡区的对比态势比较明显。改革开放以来，各粮食功能区城镇化率表现出不同程度的增长，粮食主产区由1978年的15.87%上升到2023年的64.50%，增幅为48.63个百分点；粮食主销区由41.45%上升到76.60%，增幅为35.15个百分点；粮食平衡区由15.47%上升到59.88%，增幅为44.41个百分点。主销区具有较好的城镇化基础与更高的城镇化率，主产区的城镇化水平增幅更大。处于主销区的省份较早开始改革开放，经济发展水平较高，产业结构升级带动了各类劳动力的转移与就业，具有较高的人口吸纳规模；处于主产区的省份随着非农经济的快速发展和产业结构的升级，流入城镇的人口规模明显扩大；而处于平衡区的省份经济增长水平相对落后，产业结构升级缓慢，非农产业对人口的吸纳能力有限。

从六大农业区划的城镇化率来看，1978年各区域的表现为东北地区＞东南沿海地区＞西北地区＞华北地区＞长江中下游地区＞西南地区，2023年各区域的表现则为东南沿海地区＞东北地区＞长江中下游地区＞华北地区＞西北地区>西南地区。东南沿海地区城镇化率由1978年的32.11%上升到2023年的70.91%，该地区具有改革开放的先机，经济增长迅速，非农产业和民营企业发达，基础设施和社会福利较完善，对各类劳动人口具有较高的吸引力；东北地区和长江中下游地区的城镇化率分别由32.97%、15.71%上升到69.32%、67.75%，东北地区拥有雄厚的工业基础，城镇化进程的先发优势明显；长江中下游地区与东南沿海地区一样，具有改革开放的先机，经济增长迅速，基础设施和社会福利较完善，城镇化水平增速较快；华北地区的城镇化率由16.40%上升到64.97%，该地区一方面是我国的主要粮食产区，另一方面也具有较高经济增长速度与工业化基础，尤其京津地区的产业升级对人口的吸引力较强；西北地区和西南地区的城镇化率分别由18.65%、11.83%上升到62.93%、58.85%，这两个地区经济发展水平相对落后，城镇化进程相对滞后，除四川、重庆等个别地区外，对人口的吸纳能力仍不足。整体来看，中国的城镇化水平呈东中西渐次递减的空间特征。

2. 土地城镇化发展现状

土地城镇化是指随着城镇化进程的推进，农业用地逐渐转变为城市建设用地，导致农地产权由农村集体土地逐渐转变为城市国有土地的过程。土地城镇化是城镇化进程的最直观表征，人口集聚促进的基础设施建设、非农产业发展均会通过城乡间土地资源的配置来实现，主要表现为城镇扩张对农村土地的整合，以增加城镇建设用地规模。较普遍的现象是人口城镇化明显滞后于土地城镇化，建设用地的利用方式粗放且效率低下。根据《中国统计年鉴》，2000~2023年全国城市建成区面积由22439平方公里增长到65140平方公里，增长了2.90倍，远高于同期城镇人口的增长速度，"摊大饼"式扩张加剧了土地的粗放式利用。接下来，土地城镇化的变化趋势与区域差异主要通过城镇建成区面积进行衡量与分析，囿于统计数据的获取难度，省级数据分析的时间区间为1996~2023年。

城镇建成区面积指城市行政区内实际已成片开发建设、市政公用设施和公共设施基本具备的区域（熊万胜，2018）。从建成区面积扩张趋势看（见表3-4），各省份土地城镇化率均表现出不同幅度的提高，其中1996~2023

年增长规模排名靠前的省份是广东（5023.1平方公里）、山东（4370.6平方公里）、江苏（3730.1平方公里）、河南（2604.1平方公里）、四川（2595.1平方公里）及浙江、安徽、福建、重庆、河北等，增长规模较大的省份主要分布在东部及西南地区发展较快的省份。同时，较大的增长规模基本上意味着较高的土地城镇化水平，随着城镇建成区面积的扩张与人口的流动，建成区面积规模排名靠前的省份同样为广东、山东、江苏、四川、浙江、河南、辽宁、湖北、河北、安徽等。可以看出，这些省份是中国经济较发达的地区，工业化基础雄厚和民营企业发展快速，对人口的吸纳能力较强，非农产业的发展使其具有较高的城镇扩张需求，从而能够获得较高的扩张溢出。此外，东北地区是我国传统的老工业基地，工业化发展具有先发优势，城镇化发展较早实现了扩张，因此黑龙江、辽宁、吉林的城镇化水平也较高。整体而言，中国的土地城镇化扩张同样呈东中西渐次递减的分布特征。

表3-4　　　　1996~2023年中国土地城镇化扩张情况　　　单位：平方公里

省份	1996年	2000年	2004年	2008年	2012年	2016年	2018年	2023年	2023年与1996年差值	增长排名
北京	476.8	490.1	1182.3	1310.9	1261.1	1419.7	1469.1	1464.3	987.5	19
天津	374.3	385.9	500.1	640.9	722.1	1007.9	1077.8	1264.5	890.2	21
河北	893.3	962.9	1248.4	1528.3	1738.9	2056.5	2162.7	2267.6	1374.3	10
山西	556.0	617.0	675.0	784.1	1013.8	1157.6	1180.1	1295.2	739.2	24
内蒙古	567.7	593.2	699.3	885.4	1132.8	1241.6	1270.1	1273.4	705.7	25
辽宁	1456.7	1558.6	1737.3	1955.5	2329.1	2798.2	2669.7	2815.6	1358.9	12
吉林	815.3	787.2	884.7	1135.1	1293.8	1425.1	1538.8	1580.6	765.3	23
黑龙江	1282.3	1310.2	1417.6	1524.1	1725.5	1810.5	1825.1	1803.1	520.8	27
上海	412.3	549.6	781.0	900.0	998.8	998.8	1237.7	1242.6	830.3	22
江苏	1186.4	1382.3	2252.9	2904.6	3655.1	4299.5	4558.5	4916.5	3730.1	3
浙江	833.7	964.0	1508.5	1939.1	2296.5	2673.3	2919.1	3427.2	2593.5	6
安徽	767.4	886.0	1123.4	1310.9	1696.0	2001.7	2109.9	2499.7	1732.3	7
福建	345.5	449.1	628.5	877.6	1203.5	1469.6	1587.6	1877.3	1531.8	8
江西	481.8	543.0	631.6	819.1	1077.6	1371.0	1546.7	1789.5	1307.7	14

续表

省份	1996年	2000年	2004年	2008年	2012年	2016年	2018年	2023年	2023年与1996年差值	增长排名
山东	1343.0	1540.8	2395.6	3261.0	3927.0	4795.5	5164.3	5713.6	4370.6	2
河南	917.6	1073.8	1422.4	1857.2	2219.1	2544.3	2797.3	3521.7	2604.1	4
湖北	1539.8	1354.7	1432.1	1564.6	1889.6	2248.9	2509.7	2866.3	1326.5	13
湖南	645.4	799.3	1002.7	1195.3	1465.1	1625.6	1837.1	2105.2	1459.8	9
广东	1551.9	1764.0	3306.1	4132.6	5026.4	5808.1	6036.3	6575.5	5023.6	1
广西	509.1	585.9	709.7	840.6	1083.6	1333.8	1476.0	1809.7	1300.6	15
海南	180.3	256.4	164.3	204.8	265.2	321.0	379.5	419.8	239.5	29
重庆	272.4	324.3	514.3	708.4	1051.7	1350.7	1496.7	1641.9	1369.5	11
四川	817.3	991.7	1393.9	1391.7	1901.7	2615.6	2982.3	3412.4	2595.1	5
贵州	229.3	291.7	332.3	407.4	586.1	844.6	1053.2	1195.2	966.2	20
云南	260.7	338.1	428.4	623.8	859.9	1131.3	1164.0	1288.6	1027.9	18
西藏	71.8	69.0	72.4	79.0	119.7	145.2	163.7	171.5	99.7	31
陕西	379.2	476.1	541.3	659.7	863.5	1127.4	1355.5	1554.8	1175.6	17
甘肃	403.0	402.9	495.5	581.3	681.6	870.4	891.4	968.7	565.7	26
青海	92.8	91.8	103.3	110.7	122.1	197.4	202.2	249.8	157	30
宁夏	109.2	126.8	236.4	310.9	399.6	441.8	482.0	486.7	377.5	28
新疆	441.7	473.4	585.4	751.0	959.6	1199.4	1312.2	1655.6	1213.9	15

资料来源：根据国家统计局网站数据（https：//data.stats.gov.cn/easyquery.htm?cn=E0103）整理。

汇总中国南北方、粮食功能区、六大农业区划等不同区域城镇建成区面积的变化趋势（见表3-5）。

首先，从南北方的变化来看，南北方土地城镇化率均实现了不同程度的增长，北方由1996年的10109平方公里上升到2023年的27915.2平方公里，年均增长3.83%，南方由1996年的10105.2平方公里上升到2023年的37239.2平方公里，年均增长4.95%，南方建成区的扩张规模和增速均明显大于北方，主要源于南方经济增长与产业结构升级对城镇扩张的需求更大。

其次，从不同粮食功能区的城镇建成区面积来看，由于不同功能区包含省份的面积和数量均不同,建成区面积之间无可比性,通过年均增长率进行比较,可以发现增长率在主销区＞平衡区＞主产区的对比态势比较明显,其中主销区建成区面积由1996年的4174.8平方公里上升到2023年的16271.2平方公里,年均增长率为5.17%;平衡区由3325.3平方公里上升到12318.0平方公里,年均增长率为4.97%;主产区则由12714.1平方公里上升到36565.2平方公里。主销区的城镇扩张增幅最大,具有较高的扩张需求;平衡区经济发展水平相对落后,基数规模相对较小,但近年来的扩张有所提速;主产区扩张基础较坚实,扩张速度较稳定。

表3-5　　　　　　　不同区域城镇建成区面积的变化　　　　　　单位:平方公里

区域	1996年	2000年	2004年	2008年	2012年	2016年	2018年	2023年	年均增长率(%)
北方	10109.0	10890.4	14124.4	17296.5	20389.6	24093.7	25398.2	27915.2	3.83
南方	10105.2	11548.9	16281.8	19898.8	25176.3	30238.1	33057.5	37239.2	4.95
主产区	12714.1	13783.3	17641.7	21332.9	26051.3	30834.2	32971.7	36565.2	3.99
主销区	4174.8	4859.1	8070.7	10005.0	11773.4	13698.0	14707.0	16271.2	5.17
平衡区	3325.3	3796.9	4693.8	5856.7	7741.2	9799.6	10777.0	12318.0	4.97
东北地区	3554.1	3655.9	4039.5	4615.1	5348.4	6034.2	6033.5	6199.3	2.08
华北地区	4561.0	5070.4	7423.8	9382.5	10882.0	12981.5	13851.3	15526.9	4.64
西北地区	1993.6	2164.0	2661.1	3298.9	4159.2	5078.5	5513.4	6189.3	4.28
西南地区	1651.5	2014.7	2741.5	3210.2	4519.1	6087.4	6859.9	7709.9	5.87
长江中下游地区	5033.1	5514.8	7223.7	8694.1	10782.2	12545.3	13799.2	15419.8	4.23
东南沿海地区	3420.6	4019.4	6316.9	7994.4	9875.0	11605.4	12398.4	14109.5	5.39

资料来源:根据国家统计局网站数据(https://data.stats.gov.cn/easyquery.htm?cn=E0103)整理。

最后,从六大农业区划的建成区面积变化来看,1996年各区域的表现为长江中下游地区＞华北地区＞东北地区＞东南沿海地区＞西北地区＞西南地区,2023年各区域的表现则变为华北地区＞长江中下游地区＞东南沿海地区＞西南地区＞东北地区＞西北地区,而年均增长率的表现为西南地区＞东南沿海地区＞华北地区＞西北地区＞长江中下游地区＞东北地区。华北地区的建成区面积由1996年的4561.0平方公里上升到2023年的15526.9平方公里，年均增长率为4.64%，该地区城镇面积增长主要依赖于京津的经济增长与产业升级对人口的吸引力提高了城区向外围扩张的需求；长江中下游地区的建成区面积由1996年的5033.1平方公里增加到2023年的15419.8平方公里，年均增长率为4.23%，该地区拥有坚实的城镇扩张基础，基础设施较完善，建成区面积增长较稳定；东南沿海地区的建成区面积由1996年的3420.6平方公里增加到2023年的14109.5平方公里，年均增长率为5.39%，受益于改革开放，该地区城镇化进程具有明显的先发优势，非农产业发达，民营企业实力雄厚，人口集聚促进了建成区面积的扩张；西南地区的建成区面积由1996年的1651.5平方公里增加到2023年的7709.9平方公里，年均增长率为5.87%，由于扩张基础较小，该地区具有最快的建成区面积增速，增长主要依赖于四川、重庆等地；东北地区的建成区面积由1996年的3554.3平方公里增加到2023年的6199.3平方公里，年均增长率仅为2.08%，该地区虽然拥有雄厚的工业基础，但因经济增速放缓、产业转型艰难，劳动力向外转移现象普遍，导致城镇建成区面积扩张速度较慢；西北地区的建成区面积由1996年的1993.6平方公里增加到2023年的6189.0平方公里，年均增长率仅为4.28%，该地区经济增速相对落后，城镇化进程滞后，城镇扩张虽然缓慢，但较稳定。整体来看，中国的土地城镇化扩张同样呈东中西渐次递减的空间特征。

3. 经济城镇化发展现状

经济城镇化是指随着劳动生产力的提高和技术的进步，社会经济由传统的农业主导逐渐转变为非农产业主导，且劳动力在城镇地区聚集的过程（赵丽平，2016）。经济城镇化主要表现为第二产业、第三产业比重不断增长。从产业结构的变化来看，改革开放以来，产业结构的高级化趋势明显，第二产业增加值占GDP的比重由1978年的47.71%下降到2023年的36.78%，呈波动性下降态势，其中2006年前的占比波动较为稳定，而在2006年后则开始稳定下降；第三产业增加值占GDP的比重由1978年的24.60%上升到2023年的56.28%，基本呈稳定增长态势。此外，第二产业和第三产业合计的比重已超过90%，显示出非农产业良好的发展态势。从劳动力结构的变化来看，乡村就业人员的比重由1978年的76.31%逐渐下降到2023年的36.45%，而相应的城镇就业人员的比重由23.69%逐渐上升到63.45%，城镇就业人口的增加促进了乡村生产生活方式的转变与经济城镇化的发展。

接下来通过第二产业、第三产业增加值占GDP的比重（非农产业占比）这一单一指标来衡量经济城镇化水平，并考察各省份经济城镇化的变化态势与区域差异。具体从改革开放以来各省份经济城镇化的情况看（见表3-6），各省份非农产业占比均表现出不同幅度的提高，其中增幅排名靠前的省份包括西藏（41.69%）、安徽（39.72%）、浙江（35.24%）、四川（34.46%）、江西（33.98%）及海南、湖南、辽宁、湖北、河南等，可以看出增幅较高的省份主要分布在中西部地区，这些省份非农产业规模的基数相对较小，获得较高的增长溢出。然而较高的年均增长率并不意味着较高的经济城镇化水平，随着各省份非农经济的发展及人口的迁徙流动，2023年非农产业占比排名靠前的省份包括上海（99.80%）、北京（99.76%）、天津（98.40%）、浙江（97.18%）、广东（95.92%）及山西、福建、重庆、山东等，可以看出非农产业较发达的省份主要分布在东部沿海经济发展水平高的地区，这些地区具有改革开放的先发优势。整体而言，中国的经济城镇化发展同样呈东中西渐次递减的分布特征。

表3-6　　　　　　改革开放以来经济城镇化率一览　　　　　　单位：%

省份	1978年	1988年	1993年	1998年	2003年	2008年	2013年	2018年	2023年	增幅	2023年排名
北京	94.83	90.96	93.95	96.36	98.10	98.92	99.17	99.61	99.76	4.93	2
天津	93.91	89.91	93.43	94.61	96.51	98.07	98.69	99.08	98.40	4.49	3
河北	71.48	76.86	82.16	81.42	84.63	87.43	87.63	90.73	89.84	18.36	21
山西	79.31	84.67	85.70	87.14	92.46	92.84	93.86	95.60	94.60	15.29	7
内蒙古	67.33	66.69	72.12	72.94	82.41	88.31	90.50	89.86	88.88	21.55	23
辽宁	60.48	61.51	63.71	66.30	76.87	79.73	91.43	91.97	91.22	30.74	15
吉林	70.75	74.89	78.28	72.77	81.66	85.73	88.37	92.30	87.84	17.09	24

续表

省份	1978年	1988年	1993年	1998年	2003年	2008年	2013年	2018年	2023年	增幅	2023年排名
黑龙江	76.54	82.92	83.44	84.53	87.56	86.89	82.50	81.66	77.85	1.31	31
上海	95.97	95.78	97.51	98.06	98.79	99.18	99.40	99.68	99.80	3.83	1
江苏	72.43	73.60	83.64	85.46	90.66	93.07	93.84	95.53	96.04	23.61	5
浙江	61.94	74.60	83.59	87.94	92.60	94.90	95.25	96.50	97.18	35.24	4
安徽	52.85	61.51	72.42	70.74	80.90	84.02	87.67	91.21	92.57	39.72	11
福建	63.94	69.17	77.17	80.69	86.10	89.30	91.10	93.35	94.08	30.14	8
江西	58.41	63.42	68.80	73.81	80.05	83.64	88.59	91.46	92.39	33.98	12
山东	66.71	70.30	78.46	82.68	87.74	90.34	91.33	93.53	92.93	26.22	10
河南	60.19	67.87	75.28	75.13	82.55	85.56	87.38	91.07	90.94	30.75	17
湖北	59.53	65.74	73.87	75.01	83.22	84.29	87.44	90.99	90.91	31.38	18
湖南	59.30	62.84	69.18	72.62	80.98	82.01	87.35	91.53	90.76	31.46	19
广东	70.24	73.47	83.90	88.34	93.23	94.48	95.10	96.06	95.92	25.68	6
广西	59.12	62.25	71.31	69.30	76.65	79.73	83.70	85.16	83.57	24.45	29
海南	46.83	50.05	70.50	64.70	65.78	70.01	75.96	79.30	80.04	33.21	30
重庆	63.15	68.76	74.33	79.11	85.08	88.71	91.97	93.23	93.12	29.97	9
四川	55.47	63.32	69.76	73.74	78.84	81.08	86.96	89.12	89.93	34.46	20
贵州	58.34	59.77	68.06	69.12	79.06	83.56	87.15	85.41	86.16	27.82	26
云南	57.34	65.63	75.56	77.97	80.65	82.09	83.83	86.03	85.99	28.65	27
西藏	49.32	52.35	51.10	65.72	78.01	84.72	89.25	91.19	91.01	41.69	16
陕西	69.53	73.71	78.14	81.70	88.30	89.00	90.49	92.51	92.16	22.63	13
甘肃	79.59	72.49	76.51	77.16	83.00	85.45	85.97	88.83	86.17	6.58	25
青海	76.38	73.87	79.75	80.56	87.58	89.02	90.12	90.64	89.81	13.43	22
宁夏	76.46	73.37	80.06	80.14	87.78	89.07	91.31	92.45	91.94	15.48	14
新疆	64.24	62.50	74.39	73.71	78.11	83.56	82.44	86.13	85.66	21.42	28

资料来源：根据国家统计局网站数据（https：//data.stats.gov.cn/easyquery.htm？cn = E0103）整理。

根据非农产业增加值/GDP计算中国南北方、粮食功能区、六大农业区划等不同区域经济城镇化的变化趋势（见表3-7）。首先，从南北方的变化来看，南北方城镇化率均实现了不同程度的增长，北方由1978年的72.90%上升到2023年的93.23%，增长20.33个百分点，南方由1978年的57.84%上升到2023年的90.25%，增长32.41个百分点。总体而言，南方非农经济的增速更快，但北方的非农产业规模相对更大。基于产值的比较发现，南方的非农经济发展规模仍未超过北方，但差距在缩小，南方民营企业发达，对劳动力具有更高的吸引力，北方则依赖早期的工业化基础，经济增长放缓导致人口的吸引力有限，非农经济发展的增速落后于南方。

表3-7　　　　　　不同区域经济城镇化的时序变化一览表　　　　　单位：%

区域		1978年	1988年	1993年	1998年	2003年	2008年	2013年	2018年	2023年
南北方	北方	72.90	74.64	79.74	81.19	86.81	89.03	90.43	92.46	93.23
	南方	57.84	59.45	68.39	72.58	81.89	85.78	88.34	89.15	90.25
粮食功能区	主产区	64.74	69.35	76.50	78.18	84.55	87.08	89.42	91.88	92.85
	主销区	81.71	79.77	86.28	89.47	93.42	94.99	95.56	96.53	97.49
	平衡区	67.39	69.40	75.74	77.30	83.52	86.02	88.01	89.58	90.63
六大农业区划	东北地区	71.25	74.50	76.66	76.55	82.85	84.37	88.34	89.19	89.62
	华北地区	74.03	76.18	81.83	83.55	88.59	90.58	91.69	93.99	95.65
	西北地区	71.42	69.71	75.82	76.96	83.78	87.36	88.68	90.19	90.92
	西南地区	57.45	64.04	71.49	75.14	80.45	83.09	87.46	88.87	89.51
	长江中下游地区	71.54	71.88	79.99	81.68	87.99	89.64	91.45	93.92	95.27
	东南沿海地区	64.53	71.21	80.95	84.52	90.06	92.02	92.90	94.31	95.85

资料来源：根据国家统计局网站数据（https：//data.stats.gov.cn/easyquery.htm?cn=E0103）整理。

其次，从不同粮食功能区的经济城镇化率来看，主销区＞主产区＞平衡区的对比态势比较明显。改革开放以来，各粮食功能区经济城镇化均表现出不同程度的增长，粮食主产区由1978年的64.74%上升到2023年的92.85%，增幅为28.11个百分点；粮食主销区由81.71%上升到97.49%，增幅为15.78个百分点；粮食平衡区由67.39%上升到90.63%，增幅为23.24个百分点。主销区具有较好的城镇化基础与更高的非农产业发展水平，主产区的经济城镇化水平增幅更大。处于主销区的省份较早开始改革开放，经济发展水平较高，非农经济发展带动了各类劳动力的转移与就业，具有较高的人口吸纳规模，促进了产业结构快速升级；处于主产区的省份具有一定的工业化基础，城镇人口规模的扩大促进了非农经济的快速发展与产业结构的升级；处于平衡区的省份经济增长水平相对落后，工业化基础薄弱，产业结构升级过程缓慢，导致非农产业增速相对较慢。

最后，从六大农业区划的经济城镇化来看，1978年各区域的表现为华北地区＞长江中下游地区＞西北地区＞东北地区＞东南沿海地区＞西南地区，2023年各区域的表现则为东南沿海地区＞华北地区＞长江中下游地区＞西北地区＞东北地区＞西南地区。东南沿海地区的经济城镇化率由1978年的64.53%上升到2023年的95.85%，该地区具有改革开放的先发优势，经济增长迅速，民营企业发达，基础设施和社会福利较完善，经济城镇化增速最快；华北地区和长江中下游地区的经济城镇化率分别由74.03%、71.54%上升到95.65%、95.27%，这两个地区一方面分布着我国的主要粮食产区，另一方面也具有较高的经济增长速度与工业化基础，产业结构的升级较稳定；西北地区的经济城镇化率由71.42%上升到90.92%，该地区经济发展水平相对较落后，城镇化进程相对滞后，但城镇化增长较稳定；东北地区的经济城镇化率由71.25%上升到89.62%，增幅相对较小，该地区拥有雄厚的工业基础，城镇化进程的先发优势明显，但受经济下滑、人口流失等影响，非农产业发展受限；西南地区的经济城镇化率由57.45%上升到89.51%，该地区除四川、重庆外，非农产业规模相对较薄弱，但增速较快。整体来看，中国非农产业增长同样呈东中西渐次递减的空间特征。

3.3 中国粮食生产的发展现状

粮食生产的直观体现为粮食产量，而粮食产量的变化则依赖粮食作物播种面积的增减与粮食单产的波动，尤其是粮食作物播种面积反映了地区粮食生产的基本禀赋条件,且经济发展和城镇化进程对播种面积产生了最直接的影响。本节主要从粮食产量、单位面积粮食产量、粮食作物播种面积等方面了解中国与省际粮食生产的基本现状及其变化。另外,根据联合国粮农组织对食物的定义,粮食包括小麦、玉米、稻谷、高粱、大豆等多种农作物。而在中国,小麦、玉米和稻谷三大粮食作物的产量能够占到中国粮食总产量的90%以上(2023年数据),产量优势明显,故本部分同时分析三大粮食作物生产的现状变化。

3.3.1 改革开放以来中国粮食生产的基本现状

1. 粮食生产整体的变化趋势

首先,分析改革开放以来中国粮食生产整体的发展现状(见图3-2)。整体而言,粮食作物播种面积经历了先下降后上升的过程,但整体仍有所下降,由1978年的12058.72万公顷下降到2003年的9941.04万公顷,后又增长到2023年的11896.85万公顷,但播种面积整体仍下降了161.87万公顷,这主要源于农业生产结构的变化,即非粮食作物食品消费的增加导致经济作物种植面积的增长,同时工业化发展、城镇化扩张也在挤占农业用地。虽然粮食播种面积表现出下降态势,但中国的粮食产量和粮食单产均经历了明显的动态增长过程,2003年以来,粮食产量更是实现了"十二连增"的态势,同期的粮食单产也在稳定增长。具体而言,改革开放以来,中国的粮食产量呈波动性增长态势,由1978年的30476.6万吨增长到2023年的69541.01万吨,40多年间增长了1.28倍,年均增长率为1.85%,增幅较显著。粮食单位面积产量同样经历了波动性增长态势,但波动幅度相对较小,由1978年的2527.3公斤/公顷增长到2023年的5845.33公斤/公顷,增长了1.31倍,年均增长率为1.88%,年均增幅要高于粮食产量。

其次,分阶段具体分析粮食作物播种面积、粮食产量、粮食单产的变化趋势。

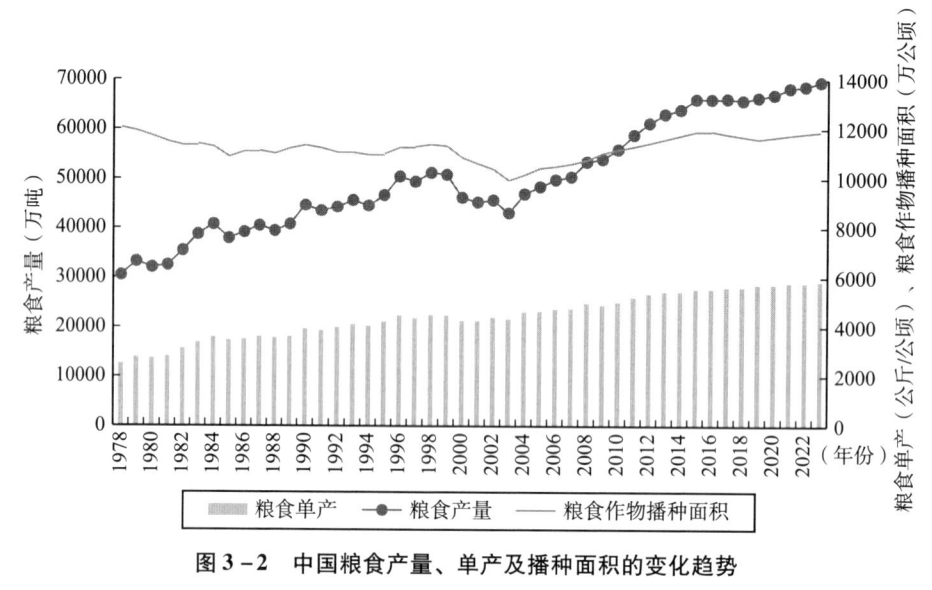

图 3-2　中国粮食产量、单产及播种面积的变化趋势

资料来源：根据国家统计局网站数据（https://data.stats.gov.cn/easyquery.htm?cn=E0103）整理。

(1) 粮食作物播种面积。中国的粮食作物播种面积变化经历了"下降→平稳→下降→上升→下降→上升"的发展阶段（李亮科，2015）。其中，第一阶段的"下降"过程发生在 1978~1985 年，粮食播种面积由 12058.72 万公顷降至 10884.51 万公顷，减少了 1174.21 万公顷，降幅较明显；第二阶段的"平稳"过程发生在 1986~1999 年，粮食播种面积由 11093.26 万公顷增至 11316.10 万公顷，虽然略有波动，但整体变化较平稳；第三阶段的"下降"过程发生在 2000~2003 年，粮食播种面积由 10846.25 万公顷降至 9941.04 万公顷，2003 年的播种面积是改革开放以来的最低值，该阶段播种面积减少了 905.21 万公顷；第四阶段的"上升"发生在 2004~2016 年，粮食播种面积由 10160.60 万公顷上升到 11923.01 万公顷，增加了 1762.41 万公顷，2016 年的播种面积基本与 1979 年持平，得益于农业惠农政策和农业市场经济的开放，农户的种粮积极性得到提升；第五阶段的"下降"过程发生在 2017~2019 年，粮食作物播种面积在 2016 年达到高值后，2017 年开始略有回落，由 11923.01 万公顷降至 2019 年的 11606.36 万公顷，减少了 316.65 万公顷，粮食作物播种面积的小幅下降与各地区发展经济作物有关；第六阶段的"上升"

发生在 2020 年之后，粮食作物播种面积由 2020 年的 11676.82 万公顷上升到 2023 年的 11896.65 万公顷，增加了 219.83 万公顷。

（2）粮食产量与粮食单产。中国的粮食产量和粮食单产的年际变化以增产为主，其中，粮食产量的变化经历了"增长→下降→增长"不同的发展阶段，而粮食单产的变化基本上表现出波动增长的态势。对于粮食产量，第一阶段的"增长"过程是粮食的快速增产时期，发生在 1978~1998 年，粮食产量由 1978 年的 30476.5 万吨波动增长到 1998 年的 51229.53 万吨，并于 1996 年首次超过 5 万吨，该阶段粮食增产了 68.10%，年均增长率为 2.63%，波动性主要源于农业政策的频繁调整和家庭联产承包责任制的改革与普及，广大农民获得了充分经营的农地自主权，农民的生产经营积极性提高，解放和发展了农村生产力。农村劳动力向非农产业和城镇转移就业、农业社会化服务体系建设的加强也影响着粮食生产过程。粮食流通体制改革、粮食收购保护制度、粮食价格保护制度和农业保险制度等的建立和实施也深刻影响了粮食生产的调整与波动。第二阶段的"下降"过程是粮食的持续减产时期，发生在 1999~2003 年，粮食产量由 1999 年的 50838.58 万吨降至 2003 年的 43069.53 万吨，该阶段粮食减产了 7769.05 万吨，减产幅度比较突出，主要原因在于，一方面是退耕还林工程等政策的实施导致粮食种植面积的减少，该阶段粮食播种面积从 1999 年的 11316.10 万公顷降至 2003 年的 9941.04 万公顷，降幅达 12.15%，农业未能及时调整生产结构；另一方面是城镇化发展导致劳动力供给不足，此外粮食市场的供求变化导致粮食收购价和市场价的下跌，种粮收入降低导致农民生产积极性不高。第三阶段的"增长"过程是粮食的稳定增长时期，发生在 2004~2023 年，粮食产量由 2004 年的 46946.95 万吨稳定增长到 2023 年的 69541.01 万吨，增长了 22594.06 万吨，增幅达 48.13%，年均增长率为 2.09%，增幅较显著，但粮食增产速度趋于平缓。该阶段的粮食产量经历了"十二连增"过程，自 2004 年起，国家陆续出台了一系列支农惠农政策，包括取消农业税、粮食直补、农资综合补贴、农机购置补贴等，大幅提升了对农业生产的支持力度和农民的种粮积极性。2016 年的粮食产量略有降幅，但在此之后，粮食产量的变化较稳定。对于粮食单产，粮食播种面积的波动性变化与整体下降趋势，表明粮食增产的动力主要来源于粮食单产水平的提高，粮食单产水平的提高得益于灌溉条件改善、良种普及、农机服务普及、技术进步等，粮食单产虽然整体呈增长态势，但对比粮食产量的增长趋势，二者呈较类似的阶段性特征，可见粮食单产提高对粮食产量增长具有显著推动作用。

2. 三大主要粮食作物生产的变化趋势

接下来分析小麦、玉米和稻谷这三大主要粮食作物的产量、单产及播种面积的变化趋势。具体对不同粮食作物的生产情况分别进行分析。

（1）小麦生产（见图3-3）。整体而言，小麦播种面积经历了波动性下降的动态变化趋势，整体由1978年的2918.26万公顷下降到2004年的2162.60万公顷，后又恢复到2023年的2362.72万公顷，播种面积整体下降了555.54万公顷，降幅为19.04%。小麦产地大多集中在北方地区，工业化发展、城镇化扩张导致农业用地减少，大豆、棉花等经济作物的发展也在影响小麦的种植面积。虽然小麦播种面积整体表现出下降态势，但我国的小麦产量及其单产均表现出明显的增长态势，尤其是2003年以来，到达低谷后，小麦产量呈连续增产的态势，而小麦单产的变化则比较稳定。具体而言，改革开放以来，中国的小麦产量呈波动性增长趋势，由1978年的5384万吨增长到2023年的13659.01万吨，40多年间增长了1.54倍，年均增长率为2.09%，增幅较显著。小麦单位面积产量增长态势较稳定，其波动幅度相对较弱，由1978年的1844.93公斤/公顷增长到2023年的5781.05公斤/公顷，增长了2.13倍，年均增长率为2.57%，年均增幅要高于小麦产量的增长。鉴于小麦播种面积的减少，小麦产量的增长主要源于小麦单位面积产量的提高。

分阶段来看，小麦播种面积变化经历了"稳定→下降→上升"不同的发展阶段，其中，第一阶段的"稳定"变化过程发生在1978~1997年，小麦播种面积由2918.26万公顷稳定增加到3005.67万公顷，变化幅度较小；第二阶段的"下降"趋势过程发生在1998~2004年，小麦播种面积由2977.41万公顷减少到2163.60万公顷，减少了813.81万公顷，小麦播种面积的减少主要集中在该阶段；第三阶段的"上升"恢复过程则开始于2005年，该阶段小麦播种面积由2279.26万公顷上升到2016年的2466.58万公顷，随后，又小幅减少到 2023 年的 2362.72 万公顷，整体增幅 83.46 万公顷，但未能恢复到 2003 年之前的水平。小麦产量的变化则经历了"增长→下降→增长"的不同发展阶段，第一阶段的"增长"变化过程发生在 1978~1997 年，小麦产量由 5384 万吨增长到 12329 万吨，增长了 6945 万吨，增幅较显著，但变化趋势较明显；第二阶段的"下降"变化过程发生在 1998~2003 年，由 1997 年的高位下降到 2003 年的 8649 万吨，该产量也是此前 15 年的最低值；第三阶段的"增长"变化过程则始于 2004 年，小麦产量逐渐恢复增长，该阶段的小麦产量由 2004 年的 9195 万吨稳定增长到 2023 年的 13659.01 万吨，增长了 4464.01 万吨，变化趋势较稳定。同时，由趋势图还可以发现，小麦单产的增长态势较清晰，并未表现出明显的阶段性特征，但波动性的动态变化特征较明显。

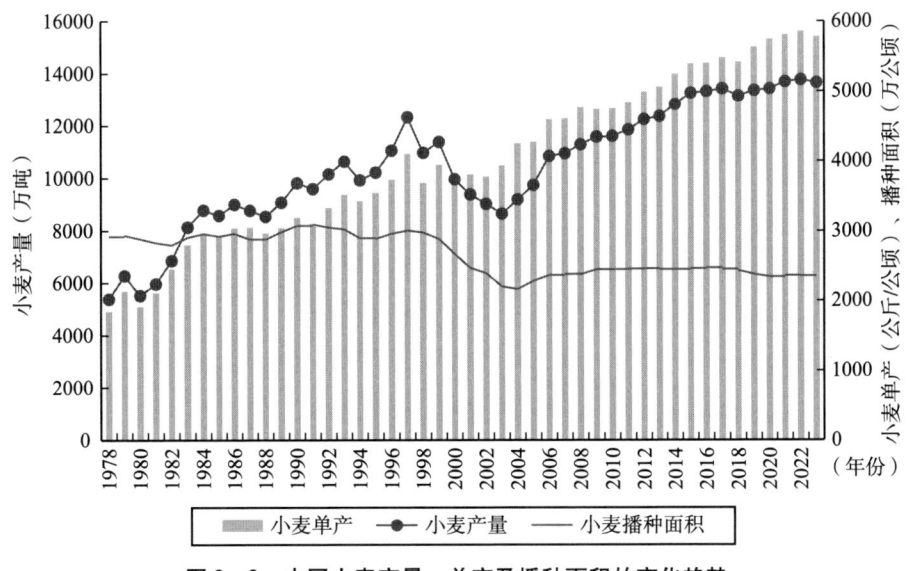

图 3-3 中国小麦产量、单产及播种面积的变化趋势

资料来源：根据国家统计局网站数据（https：//data.stats.gov.cn/easyquery.htm？cn=E0103）整理。

（2）玉米生产（见图 3-4）。整体而言，玉米播种面积基本呈稳定增长的变化趋势，由 1978 年的 1996.11 万公顷增加到 2015 年的峰值 4496.84 万公顷，后又回落到 2023 年的 4421.89 万公顷，播种面积整体增加了 2455.78 万公顷，增幅较显著。主要原因可能在于，一方面，虽然玉米主产地大多集中在北方地区，但玉米种植的收益较好，农民扩大种植面积的积极性较高，且近年来西南地区玉米种植区域也在扩大；另一方面，生猪产能的增长拉动了玉米饲料消费的增加，玉米播种面积也在扩大。与玉米播种面积增加相对应的是，中国的玉米产量及玉米单产同样表现出明显的增长态势，尤其是2003年以来，玉米产量同样实现了连续增产的态势，而玉米单产的波动则比较稳定。具体而言，改革开放以来，中国的玉米产量呈波动性增长，由1978年的5594.50万吨增长到2023年的28884.20万吨，40多年间增长了34.16倍，年均增长率为3.71%，增幅较小麦产量更加显著。同时，玉米单位面积产量增长态势较稳定，其波动幅度相对较小，由1978年的2802.7公斤/公顷增长到2023年的6532.09公斤/公顷，增长了1.33倍，年均增长率为1.90%，年均增幅要低于小麦单产的增长。由于玉米单产增幅相对较小，玉米产量的增长主要源于玉米播种面积的增加。

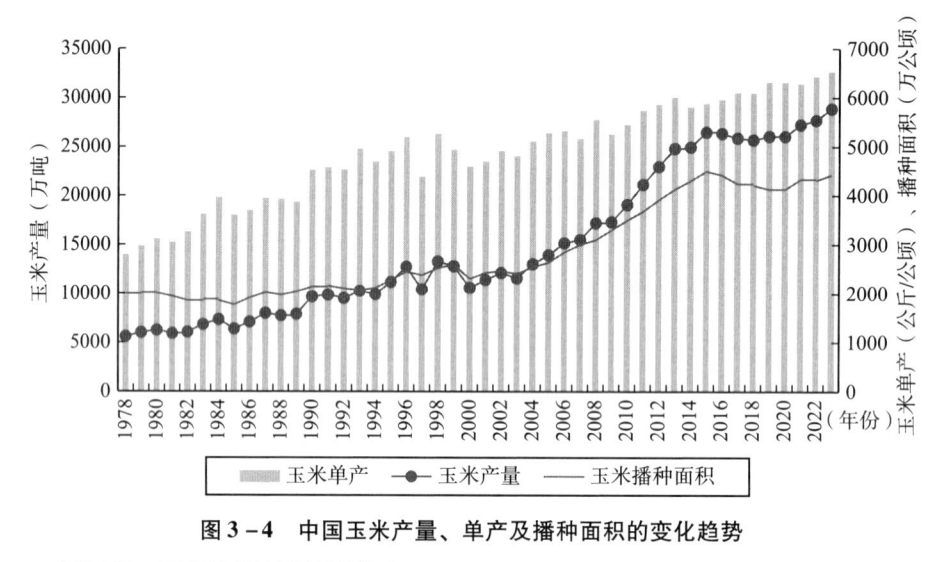

图 3-4 中国玉米产量、单产及播种面积的变化趋势

资料来源：根据国家统计局网站数据（https://data.stats.gov.cn/easyquery.htm?cn=E0103）整理。

分阶段来看，玉米播种面积和产量的变化均经历了"波动增长→持续增长→回落下降→稳定增长"的发展阶段。其中，第一阶段的"波动增长"变化过程发生在1978~1999年，玉米播种面积由1996.11万公顷增加到

2590.37万公顷，增加了594.26万公顷，增幅为29.77%，而玉米产量由5594.5万吨增长到12808.63万吨，增长了7214.13万吨，增幅为1.29倍，较玉米播种面积的增加幅度更显著，该阶段的变化趋势也更明显；第二阶段的"持续增长"变化过程发生在2000~2015年，玉米播种面积和产量在2000年存在明显的下降，之后便是连续的增长趋势，玉米播种面积由2000年的2305.61万公顷增加到2015年的4496.84万公顷，增加了2191.23万公顷，增幅达95.04%，而玉米产量相应地由10599.98万吨增长到26499.22万吨，增长了15899.24万吨，显著高于播种面积的增幅，且保持较高的持续性；第三阶段的"回落下降"变化过程发生在2016~2020年，该阶段的玉米播种面积和产量有所回落，播种面积由2016年的4417.76万公顷降至2020年的4126.43万公顷，减少了291.33万公顷，而玉米产量由26361.31万吨降至26066.52万吨，减少了294.79万吨，该阶段的减少幅度均比较大；第四阶段的"稳定增长"变化过程开始于2021年，玉米播种面积由4332.42万公顷增加到2023年的4421.89万公顷，增加了89.47万公顷，而玉米产量由27255.06万吨增长到2023年的28884.20万吨，增长了1629.14万吨，较玉米播种面积的增加幅度更为显著，该阶段玉米播种面积和产量每年稳定增长。由趋势图还可以发现，玉米单位面积产量增长态势较清晰，未表现出明显的阶段性特征，但波动性的动态变化特征较明显。

(3) 稻谷生产（见图3-5）。整体而言，稻谷播种面积基本上呈稳定减少的变化态势，由1978年的3442.09万公顷减少到2003年的低值2650.78万公顷，之后又恢复到2023年的2894.91万公顷，播种面积整体减少了452.82万公顷，减幅并不显著。主要原因可能在于，虽然稻谷主产地大多集中在长江流域的南方地区，但受产业结构升级和城镇化进程等影响，南方稻谷种植面积在逐渐下降。随着东北地区逐渐成为稻谷生产的主要产地，抑制了稻谷播种面积的减少，但播种面积并未恢复到1978年的水平。与稻谷播种面积减少相对应的是，中国的稻谷产量及稻谷单产均表现出明显的增长，尤其是2003年以来，到达低谷后，稻谷产量实现了连续增产，而稻谷单产的波动增长态势则比较稳定。具体而言，改革开放以来，中国的稻谷产量呈波动性增长，整体由1978年的13693万吨增长到2023年20660.34万吨，40多年间增长了 50.84%，年均增长率为 0.92%，增幅要明显小于小麦和玉米，且波动性更加明显。同时，稻谷单位面积产量增长态势较稳定，其波动幅度相对较弱，由 1978 年的 3978.11 公斤/公顷增长到 2023 年的 7136.78 公斤/公顷，增长了 79.37%，年均增长率为 1.30%，年均增幅要高于稻谷产量的增长，但要明显弱于小麦和玉米单产的增长。由于稻谷播种面积的变化幅度相对较小，稻谷产量的增长主要源于稻谷单产水平的提高。

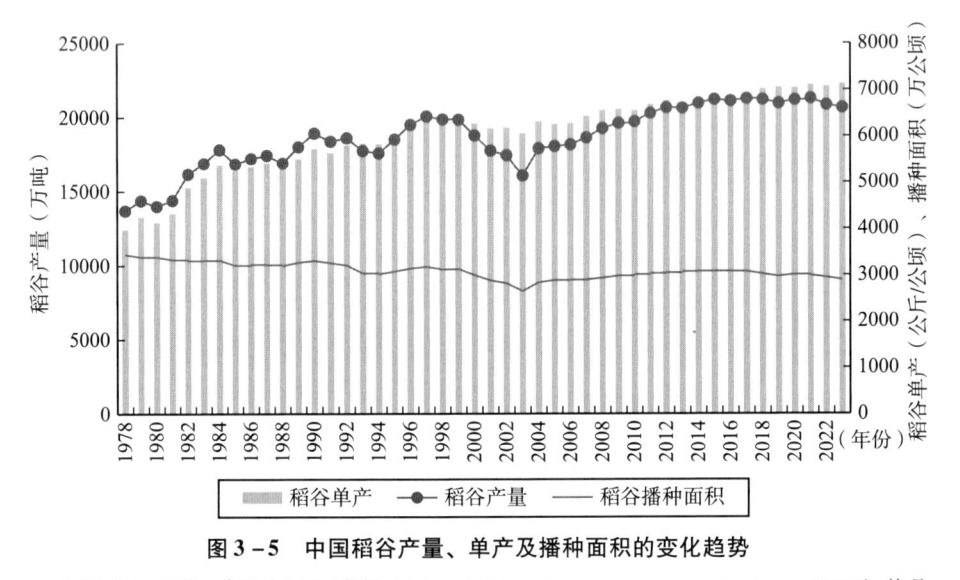

图 3-5 中国稻谷产量、单产及播种面积的变化趋势

资料来源：根据国家统计局网站数据（https://data.stats.gov.cn/easyquery.htm?cn=E0103）整理。

分阶段来看，稻谷播种面积的变化经历了"缓慢减少→恢复增长→缓慢减少"三个发展阶段，变化过程整体较稳定。其中，第一阶段的"缓慢减少"变化过程发生在 1978~2003 年，稻谷播种面积由 3442.09 万公顷减少到 2003 年的最低值 2650.78 万公顷，减少了 791.31 万公顷，减幅为 22.98%，该阶段的变化趋势较稳定；第二阶段的"恢复增长"变化过程发生在 2004~2018 年，稻谷播种面积在 2003 年到达最低值后，2004 年开始恢复增长，但增长过程较平稳，稻谷播种面积由 2004 年的 2837.88 万公顷增加到 2018 年的 3018.95 万公顷，整体增加了 181.07 万公顷，其贡献可能主要来自东北地区稻谷种植面积的扩张。第三阶段的"缓慢减少"变化过程发生于 2019 年之后，稻谷播种面积由2969.35万公顷减少到2023年的2894.91万公顷，减少了74.4万公顷，降幅为2.51%，该阶段的变化趋势较平缓。稻谷产量的变化与小麦类似，同样经历了"增长→下降→增长"的发展阶段，第一阶段的"增长"变化过程发生在1978~1997年，稻谷产量由13693万吨增长到20073.48万吨，增长了6380.48万吨，增长率为46.60%，增幅较显著，但变化趋势较波动；第二阶段的"下降"变化过程发生在1998~2003年，由1997年的高位下降到2003年的16065.56万吨，该产量也是此前20年的最低值；第三阶段的"增长"变化过程则开始于2004年，稻谷产量逐渐恢复增长，该阶段的稻谷产量由2004年的17908.76万吨稳定增长到2023年的20660.34万吨，增长了2751.58万吨，虽在2018年后略有下降，但整体变化趋势较稳定。由趋势图还可以发现，稻谷单产的增长态势较清晰，并未表现出明显的阶段性特征，但波动性的动态变化特征较明显。

3.3.2 省际粮食生产的变化趋势与差异

从改革开放以来各省份粮食产量变化来看（见表3-8），2023年粮食产量规模排名靠前的省份包括黑龙江（7782.22万吨）、河南（6624.27万吨）、山东（5655.28万吨）、吉林（4186.50万吨）、安徽（4150.75万吨）及内蒙古、河北、江苏、四川、湖南等，均为粮食主产区省份，具有较好的农业生产条件，主要分布在东北平原、华北平原及长江中下游等区域，但各省份粮食产量的增减变化态势表现不一。其中，表现为增长的省份中，年均增长率排名靠前的省份包括内蒙古（4.71%）、新疆（3.95%）、黑龙江（3.76%）、吉林（3.44%）、宁夏（2.65%），以及河南、安徽、甘肃、山东、辽宁等；而粮食产量表现为负增长的省份仅包括北京（-2.98%）、上海（-2.07%）、浙江（-1.83%）、福建（-0.83%）及广东（-0.36%），这些省份均为东部地区的粮食主销区，经济发展水平较高，非农产业升级使粮食生产已不再是其主导产业，且粮食生产的规模基数也相对较小。另外，通过1978年和2023年的产量排序还可以发现，粮食生产逐渐向北方地区，尤其是东北地区集中和转移，南方主产区的规模逐渐变小，主要表现在北方主产区省份的产量排名在上升，比如，黑龙江（10→1）、内蒙古（23→6）、河南（4→2）、安徽（9→5）、吉林（15→4）等，而南方主产区省份的排名在下降，比如江苏（1→8）、湖北（6→11）、湖南（5→10）、四川（2→9）等。由此可见，北方主产区粮食生产的地位越来越高。整体而言，中国的粮食生产规模依然以粮食主产区为主导，粮食平衡区稳步提升，而粮食主销区的规模则持续下降。

表3-8　　　　改革开放以来省际粮食产量的时序变化一览表　　　　单位：万吨

省份	1978年	1985年	1992年	1998年	2007年	2016年	2023年	年均增长率（%）	排序 1978年	排序 2023年
北京	186.00	219.70	281.90	239.30	102.07	52.76	47.78	-2.98	26	31
天津	117.10	140.52	198.74	210.12	147.41	200.40	255.73	1.75	27	26
河北	1687.95	1966.60	2185.60	2917.48	2897.31	3782.99	3809.92	1.83	7	7
山西	706.96	822.68	858.30	1081.48	1009.33	1380.33	1478.09	1.65	20	16
内蒙古	499.00	604.10	1046.80	1575.40	1764.40	3263.28	3957.84	4.71	23	6
辽宁	1117.20	1376.00	1568.40	1828.90	1843.95	2315.60	2563.40	1.86	13	12
吉林	914.70	1225.26	1840.30	2506.00	2437.99	4150.70	4186.50	3.44	15	4
黑龙江	1477.50	1405.00	2366.30	3008.50	3880.98	7416.13	7788.22	3.76	10	1
上海	260.88	213.83	234.65	212.58	115.33	111.78	101.86	-2.07	25	30
江苏	2400.65	3126.52	3320.55	3415.12	3122.27	3542.44	3797.70	1.02	1	8
浙江	1467.20	1621.29	1553.50	1435.20	723.48	564.84	638.79	-1.83	11	23
安徽	1482.60	2168.00	2341.92	2590.50	2973.96	3961.76	4150.75	2.31	9	5
福建	744.90	794.40	897.08	958.10	615.66	477.28	510.97	-0.83	19	24
江西	1125.74	1533.54	1566.00	1555.50	1912.41	2234.40	2198.31	1.50	12	13
山东	2288.00	3137.70	3589.30	4264.83	4112.85	5332.28	5655.28	2.03	3	3
河南	2097.40	2710.53	3109.61	4009.61	5252.92	6498.01	6624.27	2.59	4	2
湖北	1725.65	2216.13	2426.60	2475.79	2139.07	2796.35	2777.04	1.06	6	11
湖南	2087.90	2514.28	2680.01	2818.19	2698.46	3052.30	3068.01	0.86	5	10

续表

省份	1978年	1985年	1992年	1998年	2007年	2016年	2023年	年均增长率（%）	排序 1978年	排序 2023年
广东	1509.51	1604.37	1810.40	1884.13	1267.03	1204.22	1285.19	-0.36	8	19
广西	1082.30	1117.10	1457.09	1702.11	1386.78	1419.03	1395.36	0.57	14	17
海南	114.29	121.70	203.65	230.12	174.62	146.10	147.02	0.56	29	27
重庆	814.71	948.97	1050.24	1155.36	1064.06	1078.2	1095.90	0.66	17	22
四川	2381.80	2875.10	3371.30	3626.30	3032.75	3469.93	3593.76	0.92	2	9
贵州	643.36	594.96	788.90	1100.00	1052.84	1264.25	1119.68	1.24	21	21
云南	864.05	935.00	1070.40	1319.51	1453.65	1815.07	1974.00	1.85	16	15
西藏	51.34	53.07	65.71	84.98	93.86	103.87	108.87	1.68	31	29
陕西	800.00	951.50	1031.60	1303.10	1071.98	1263.96	1323.66	1.13	18	18
甘肃	510.55	530.55	689.18	871.95	801.59	1117.48	1272.90	2.05	22	20
青海	90.30	100.32	118.50	128.20	89.18	104.78	116.23	0.56	30	28
宁夏	116.98	139.53	186.81	294.90	323.49	370.60	378.80	2.65	28	25
新疆	370.01	496.65	706.27	836.60	852.21	1552.33	2119.16	3.95	24	14

资料来源：根据国家统计局网站数据（https：//data.stats.gov.cn/easyquery.htm？cn=E0103）整理。

从粮食作物播种面积来看（见表3-9），2023年粮食播种面积排名靠前的省份包括黑龙江（1474.31万公顷）、河南（1078.53万公顷）、山东（838.79万公顷）、安徽（733.45万公顷）、内蒙古（698.47万公顷）及河北、四川、吉林、江苏、湖南等，同样均为粮食主产区省份，主要分布在东北平原、华北平原及长江中下游等具有较高耕地禀赋条件的地区，历年来是中国农业生产与供给的主导力量，但各省份粮食播种面积的变化表现不一。其中，表现为增长的省份仅包括内蒙古（2.79%）、黑龙江（1.47%）、吉林（0.62%）、河南（0.37%）、安徽（0.38%）、云南（0.32%）及贵州（0.06%），东北地区粮播种面积扩大较明显，而其他大多数省份粮食播种面积的年均增长率均为负。其中，表现较为显著的省份依次包括北京（-4.00%）、上海（-3.05%）、浙江（-2.60%）、福建（-2.13%）及广东（-2.11%），以及海南、重庆、天津、广西、陕西等，集中了大多数的东部粮食主销区,经济发展水平较高,非农产业升级使农业生产已不再是其主导产业,城镇化扩张导致粮食种植面积减少,还包括若干种植规模本身较小的省份,主要分布在西部地区。另外,通过1978年和2023年的播种面积排序也可以发现,粮食生产的主体逐渐向北方地区,尤其是东北地区集中和转移,南方主产区的规模逐渐趋弱,主要表现在东北主产区省份的播种面积排名在上升,比如,黑龙江(4→1)、内蒙古(24→5)、吉林(12→8)等,若干北方主产区省份的播种面积排名略有下降,比如,河北(3→6)、山东(2→3)等,而多数南方主产区省份的排名在下降,比如江苏(6→9)、四川(5→7)、湖南(8→10)等。由此可见,北方主产区,尤其是东北地区粮食生产的地位越来越高。整体而言,中国的粮食生产种植规模也依然以粮食主产区为主导,粮食平衡区变化比较稳定,而粮食主销区的规模则持续下降。

表3-9 改革开放以来省际粮食播种面积的时序变化一览表 单位:万公顷

省份	1978年	1985年	1992年	1998年	2007年	2016年	2023年	年均增长率(%)	排序 1978年	排序 2023年
北京	56.13	51.14	47.73	42.27	19.75	8.73	8.95	-4.00	28	31
天津	60.13	44.59	44.61	44.66	29.20	35.73	39.00	-0.96	27	26
河北	794.93	649.27	662.59	730.57	616.82	632.74	645.52	-0.46	3	6
山西	369.27	305.51	319.61	329.67	302.82	324.14	316.10	-0.34	16	15
内蒙古	202.40	342.18	392.51	503.07	511.99	578.48	698.47	2.79	24	5
辽宁	407.13	288.95	305.14	303.92	312.72	323.14	357.84	-0.29	14	14
吉林	441.00	328.35	353.68	356.72	433.47	502.17	582.56	0.62	12	8
黑龙江	764.73	721.64	734.84	808.89	1082.05	1180.47	1474.31	1.47	4	1
上海	51.20	43.83	39.24	35.25	16.96	14.01	12.72	-3.05	29	30
江苏	631.13	643.25	618.08	594.63	521.56	543.27	545.89	-0.32	6	9
浙江	335.00	327.12	316.42	279.95	121.96	125.54	102.47	-2.60	18	23
安徽	618.67	589.86	587.30	599.34	647.78	664.45	733.45	0.38	7	4
福建	221.27	188.85	208.50	202.86	120.10	117.67	84.11	-2.13	23	24

续表

省份	1978年	1985年	1992年	1998年	2007年	2016年	2023年	年均增长率（%）	排序 1978年	排序 2023年
江西	382.07	365.09	344.62	341.45	352.53	368.62	377.43	-0.03	15	13
山东	880.80	798.43	791.86	813.25	693.65	751.15	838.79	-0.11	2	3
河南	912.33	902.93	880.47	910.20	946.80	1028.62	1078.53	0.37	1	2
湖北	554.47	510.83	495.53	472.81	398.14	443.69	470.70	-0.36	9	11
湖南	582.80	516.14	524.36	507.48	453.13	489.06	476.35	-0.45	8	10
广东	518.32	395.76	364.03	352.90	247.95	250.93	222.95	-2.11	10	21
广西	428.47	344.73	352.18	375.77	298.40	302.36	283.47	-0.91	13	17
海南	64.21	50.79	57.77	57.70	40.26	36.04	27.36	-1.88	26	28
重庆	317.72	274.85	287.49	290.07	219.58	225.01	202.59	-0.99	19	22
四川	704.28	664.05	703.17	733.77	645.00	645.39	640.40	-0.33	5	7
贵州	269.80	221.21	263.53	312.86	282.18	311.33	277.38	0.06	21	19
云南	367.80	331.85	358.20	388.63	399.45	448.12	424.32	0.32	17	12
西藏	20.13	19.41	19.23	20.04	17.18	18.29	19.46	-0.08	31	29
陕西	448.80	396.56	405.99	403.01	309.98	306.87	302.30	-0.87	11	16
甘肃	299.80	277.49	289.35	289.05	268.70	281.40	271.09	-0.22	20	20
青海	43.47	38.66	40.13	38.49	30.18	28.11	30.49	-0.79	30	27
宁夏	76.93	65.05	72.96	81.74	85.63	77.83	69.39	-0.23	25	25
新疆	233.53	186.17	174.08	158.56	137.91	240.11	282.48	0.42	22	18

资料来源：根据国家统计局网站数据（https：//data.stats.gov.cn/easyquery.htm？cn=E0103）整理。

从粮食单产来看（见表3-10），2023年粮食单产排名靠前的省份包括上海（8010.15公斤/公顷）、新疆（7502.09公斤/公顷）、吉林（7186.38公斤/公顷）、辽宁（7163.55公斤/公顷）、江苏（6956.84公斤/公顷）及山东、天津、湖南、浙江、河南等，在东中西部地区均包含了粮食单产较高的省份，但仍以粮食主产区省份居多。虽然各省份粮食单产的增长态势表现不一，但整体上未表现出明显的差异。其中，年均增长率较高的省份主要包括内蒙古（4.20%）、新疆（3.49%）、宁夏（2.86%）、天津（2.74%）、海南

（2.49%）及吉林、河南、河北、甘肃、黑龙江，除本身生产规模基数较小的天津外，西北地区和东北地区粮食单产的年均增长水平较突出，尤其体现在内蒙古和新疆的粮食单产增长规模上；而年均增长率较低的省份主要包括浙江（0.90%）、上海（1.01%）、北京（1.07%）、四川（1.13%）、贵州（1.18%）及青海、福建、湖北、江苏、湖南等，除禀赋条件相对较差的西部平衡区省份外，南方的粮食主产区省份与东部的粮食主销区省份的单产增长水平慢于其他地区，这些地区经济发展水平较高，非农产业升级使农业生产已不再是其主导产业。粮食单产主要是由产量相对于种植面积的比值关系来决定的，有些地区能够在单位面积上生产更多的粮食，经济较发达的地区在农业技术进步方面更具有优势，但限于种植规模，粮食产量的增长需要依赖单产水平的提高，而有些地区在单位面积上未能形成更多产出，仍存在较大的增长空间。能够发现，北方主产区的粮食生产的地位越来越高，粮食单产仍存在较大提升空间，而南方产区的粮食单产是决定粮食产量增长的关键。

表3-10　　　　　改革开放以来省际粮食单产的变化趋势　　　　单位：公斤/公顷

省份	1978年	1985年	1992年	1998年	2007年	2016年	2023年	年均增长率（%）	排序 1978年	排序 2023年
北京	3313.50	4296.10	5906.10	5658.86	5168.26	6167.59	5340.61	1.07	5	23
天津	1945.70	3150.70	4454.20	4705.41	5046.23	5535.98	6556.70	2.74	24	7
河北	2031.60	3028.90	3298.60	3993.42	4671.97	5570.27	5902.10	2.40	22	12
山西	1825.20	2692.90	2685.50	3280.49	3377.38	4277.04	4676.08	2.11	25	27
内蒙古	889.30	1765.40	2666.90	3131.57	3505.12	4796.54	5666.42	4.20	31	16
辽宁	2886.00	3377.70	5139.90	6017.71	5880.96	6587.83	7163.55	2.04	10	4
吉林	2394.60	3731.70	5203.30	7025.12	5450.66	7489.01	7186.38	2.47	16	3
黑龙江	1961.50	1981.60	3220.20	3719.29	3471.27	5221.96	5282.62	2.23	23	24
上海	5097.70	4878.30	5790.00	6030.98	6436.64	7053.26	8010.15	1.01	1	1
江苏	3628.40	4860.50	5335.60	5743.24	6011.49	6344.73	6956.84	1.46	3	5
浙江	4164.20	4956.30	4909.60	5126.63	5913.81	5937.25	6234.07	0.90	2	9
安徽	2395.50	3675.40	3959.00	4324.82	4508.48	5383.55	5659.25	1.93	15	17

续表

省份	1978年	1985年	1992年	1998年	2007年	2016年	2023年	年均增长率(%)	排序 1978年	排序 2023年
福建	3292.40	4206.60	4303.10	4722.96	5306.31	5730.78	6074.94	1.37	6	11
江西	2748.20	4200.30	4544.10	4555.57	5407.31	5868.84	5824.43	1.68	11	14
山东	2554.50	3929.90	4532.70	5244.17	5903.14	6260.51	6742.19	2.18	13	6
河南	2082.60	3001.90	3531.80	4405.21	5512.84	5791.68	6141.95	2.43	20	10
湖北	3112.00	4338.30	4897.00	5236.31	5304.99	5806.21	5899.85	1.43	8	13
湖南	3260.10	4871.40	4996.80	5217.69	5944.15	6091.62	6440.69	1.52	7	8
广东	2912.31	4053.90	4874.00	5518.84	5189.57	5529.56	5764.44	1.53	9	15
广西	2163.50	3240.50	4028.90	4143.76	4670.29	4898.04	4922.39	1.84	19	25
海南	1779.97	2396.14	3302.00	3689.34	4412.33	5002.92	5373.78	2.49	27	22
重庆	2564.22	3452.69	3653.15	3983.10	4952.49	5287.69	5409.35	1.67	12	21
四川	3381.90	4329.64	4794.42	4942.01	4713.17	5515.42	5611.77	1.13	4	18
贵州	2385.10	2689.80	2993.60	3515.95	3744.60	4049.27	4036.64	1.18	17	30
云南	2349.10	2817.50	2988.30	3395.33	3666.06	4320.23	4652.13	1.53	18	28
西藏	2508.30	2736.20	3406.10	4240.31	5463.97	5511.87	5594.80	1.80	14	19
陕西	1782.50	2400.40	2540.90	3233.42	3449.34	4020.29	4378.66	2.02	26	29
甘肃	1637.80	1911.80	2332.50	3016.57	3066.09	4163.12	4695.44	2.37	28	26
青海	2082.10	2594.40	2952.90	3331.17	3698.53	3680.34	3811.97	1.35	21	31
宁夏	1533.80	2144.60	2561.70	3607.78	3830.83	5162.85	5459.06	2.86	30	20
新疆	1605.80	2679.30	3988.40	5276.20	6116.09	6453.85	7502.09	3.49	29	2

资料来源：根据国家统计局网站数据（https://data.stats.gov.cn/easyquery.htm?cn=E0103）整理。

3.4 本章小结

本章全面梳理了城镇化进程及其不同维度、粮食生产及其主要作物在全国层面及省级层面的发展趋势与地区差异。本章得到的结论如下。

（1）改革开放以来中国经历了世界上扩张规模最大、增速最快的城镇化进程，城市规模不断扩张，经济发展不断进步。中国的城镇化进程可划分为三个阶段：恢复发展阶段（1978~1995年）、加速发展阶段（1996~2013年）与新型城镇化阶段（2014~2023年）。其中，恢复发展阶段以小城镇发展为主导，加速发展阶段以土地规模扩张为主导，新型城镇化阶段以高质量发展为主导。

（2）2023年中国的常住人口城镇化率已经超过60%，但户籍人口城镇化率仅为48.32%；全国城市建成区面积快速扩张，远高于同期城镇人口的增长速度，即人口城镇化增长明显落后于土地城镇化；非农产业比重已超过90%，相应的城镇就业人员的比重已超过60%，城镇就业人口的增加促进了经济城镇化发展。

（3）中国的人口城镇化率呈东中西渐次递减的分布特征。虽然中国城镇化率较高的省份主要分布在东部沿海经济发展水平高的地区，但中西部地区城镇化的增长速度要快于东部。

（4）中国粮食作物播种面积整体表现出下降态势，经历了先下降后上升、整体下降的变化过程。同时，中国的粮食产量、粮食单产均经历了明显的波动性增长过程，粮食单产的波动性相对较小，但年均增幅高于粮食产量。此外，小麦、玉米和稻谷的播种面积、产量及单产的变化也存在着不同程度的波动性变化态势，除玉米播种面积有增长外，小麦和稻谷的播种面积均呈下降态势；小麦、玉米和稻谷产量和单产均呈动态增长趋势，产量的波动性更大，单产的增长态势较稳定。

（5）中国的粮食生产规模依然以粮食主产区为主导，粮食平衡区稳步提升，而粮食主销区的规模则持续下降，不同功能区粮食播种面积均存在不同程度的下降。小麦生产主要分布在华北平原等主产区，西北地区的新疆、内蒙古的生产规模增速显著，东北地区则显著降低；玉米生产主要分布在东北平原、黄淮海平原的主产区省份，西北地区的宁夏、甘肃增速显著，但玉米生产规模仍相对较小；稻谷生产主要分布在长江流域及东北平原，东北地区逐渐成为主导产区，东南沿海地区的稻谷生产规模逐年下降。

第4章

城镇化与粮食生产的交互关系：
动态响应特征

确保粮食安全是推进城镇化的重要保障。首先，对城镇化率的片面追求不会有助于保障粮食产出，农村人口大规模向城镇流动、城镇土地规模无序扩张，促使生产要素投入结构调整，造成耕地流失与劳动力结构性短缺。城镇化发展的不均衡也造成了中国区域间粮食供给的明显失衡。其次，保障粮食供给带来的要素配置效应也反过来对城镇化发展提出了更高的要求，如果过于强调提高粮食产量，可能会造成城乡间要素的流动性障碍，难以为城镇化发展提供足够的要素支撑，城镇化发展也将不可持续。随着社会经济更加注重高质量发展，城镇化与粮食生产关系密切，在长期演变过程中，逐渐维持一种稳定、均衡的状态，因此，科学评估城镇化与粮食生产之间长期关系与动态响应对于确保粮食安全具有重要作用。本章主要从时间预测与系统交互的视角考察城镇化与粮食生产的交互关系及其动态响应规律。以2000~2022年地级市层面的面板数据为研究样本，以粮食产量表征粮食生产，从人口流动、土地规模、经济增长等维度构建城镇化指标体系，运用熵值法测度城镇化综合水平。此外，地级市层面的粮食产量与熵值法计算的城镇化水平也将是后续章节实证分析的关键变量。在此基础上，构建PVAR模型，通过脉冲响应函数及方差分解探讨城镇化与粮食生产之间的交互关系及长期的动态响应规律。

4.1 城镇化综合水平评估

4.1.1 熵值法

作为一种典型的客观赋权法,熵值法能够充分利用各指标蕴含的信息价值指数衡量其对综合评估结果的贡献度,从而有效克服变量间的信息重叠和主观偏误(王军等,2013;杨晓军等,2020),具有较高的精度和可信度。本书主要从人口流动、土地扩张与非农经济增长等维度选取指标对城镇化综合水平进行评估,具体步骤如下。

第一步:指标标准化处理。采用极差法进行标准化处理(Liu W et al., 2018)。构建指标数据 $\{X_{ij}\}_{m \times n}$ 的判断矩阵,X_{ij} 为 i 地区第 j 项的指标值。

正向指标:
$$X_{ij} = \frac{x_{ij} - \min(x_{ij})}{\max(x_{ij}) - \min(x_{ij})} \tag{4-1}$$

负向指标:
$$X_{ij} = \frac{\max(x_{ij}) - x_{ij}}{\max(x_{ij}) - \min(x_{ij})} \tag{4-2}$$

第二步:计算第 j 项指标下第 i 个地区占该指标的比重。

$$P_{ij} = \frac{X_{ij}}{\sum_{i=1}^{n} X_{ij}} \tag{4-3}$$

第三步:计算第 j 项指标的熵值。

$$e_j = -k \sum_{i=1}^{n} P_{ij} \ln P_{ij} \tag{4-4}$$

若 x_{ij} 对于给定的 j 均相等,则 $P_{ij} = 1/n$,此时,e_j 取最大值,即:
$e_j = -k \sum_{i=1}^{n} \left(\frac{1}{n}\right) \ln\left(\frac{1}{n}\right) = k \ln m$,设 $k = 1/\ln(n) > 0$,则 $0 \leq e_j \leq 1$。

第四步:计算信息熵的冗余度。

$$d_j = 1 - e_j \tag{4-5}$$

第五步：计算各项指标的权重值。

$$\omega_j = \frac{d_j}{\sum_{j=1}^{m} d_j} \quad (4-6)$$

第六步：计算单个指标的评分。

$$urban_{ij} = \omega_j P_{ij} \quad (4-7)$$

第七步：计算城镇化水平的综合评估指数。

$$urban_i = \sum_{j=1}^{m} urban_{ij} \quad (4-8)$$

4.1.2 评价指标体系构建

城镇化发展是一个包含人口迁移、土地扩张、非农经济等多维特征的综合性系统，且子系统之间相互影响和制约（姚成胜等，2016），单一维度的人口城镇化水平难以反映城镇化发展的复杂特征（王锋等，2017）。以现有研究地级市层面的数据获取为基础，从人口、土地、经济等三个维度选取相关指标（张勇等，2013；赵建吉等，2020）。其中，人口城镇化主要表现为农村人口向城镇的集聚及城镇对人口的承载力，选取常住人口城镇化率进行表征；土地城镇化主要表现为城镇扩张对土地资源的占用及城镇基础设施的完善，选取城镇建成区面积与土地面积之比进行表征；经济城镇化主要表现为城镇非农经济效益的提高及产业结构的升级，选取非农产业比重进行表征（见表4-1）。为避免人为赋权的主观性，相关指标在测算前均通过极差法进行归一化处理（孙叶飞等，2016；Liu W et al.，2018）。

表4-1　　　　　　　　城镇化综合水平评估指标体系

指标		指标解释	功效	权重（%）
城镇化综合水平	人口城镇化	常住人口城镇化率	正向	33.931
	土地城镇化	城镇建成区面积/土地面积	正向	31.783
	经济城镇化	非农产业增加值/GDP	正向	34.286

4.2 研究方法与变量选取

4.2.1 面板 VAR 模型

为考察城镇化与粮食生产之间存在的交互关系及长期动态响应，研究利用面板向量自回归（Panel Vector Auto Regressive，PVAR）框架下的脉冲响应函数（Impulse Response Function，IRF）和方差分解（Variance Decomposition，VD）考察城镇化与粮食生产交互影响的动态响应路径。脉冲响应函数分析的前提是建立城镇化与粮食生产之间的 PVAR 模型，并检验变量间的稳定性及协整关系（孙才志等，2017）。PVAR 模型能够处理时间序列较短时所产生的非平稳性、多维数据造成的异方差性以及多变量产生的多重共线性（张清华，2015）。PVAR 模型具体可表示为：

$$Y_{i,t} = \alpha_0 + \sum_{j=1}^{k} \alpha_j Y_{i,t-j} + \eta_i + \phi_t + \varepsilon_{i,t} \qquad (4-9)$$

式（4-9）中，i 表示截面，t 表示年份，$Y_{i,t}$ 在本书中包含两个变量，分别是城镇化综合水平（lnurban）和粮食生产（lngrain），即 $Y_{i,t} = [\text{lnurban}_{i,t}, \text{lngrain}_{i,t}]$，解释变量中包含被解释变量的滞后项。模型中引入了地区固定效应变量 η_i，表示可能遗漏的地区特征因素（自然条件、禀赋基础等）产生的差异性影响；时间效应变量 ϕ_t，表示解释变量的时间趋势特征。$\varepsilon_{i,t}$ 为随机扰动项。PVAR 模型系数估计之前，需要经过一系列的检验过程，具体检验步骤如下。

（1）ADF 单位根检验。利用 LLC、IPS、Fisher – ADF 和 Hadri 等方法对面板数据进行单位根检验，以判断 PVAR 模型的平稳性。如果各变量序列为同阶单整，则认为该序列为平稳序列。

（2）滞后阶数的确定。一般通过 Akaike 信息准则（AIC）、Baysian 信息准则（BIC）或 Hannan – Quinn 最小准则（HQIC）等准则进行确定（Love I et al.，2007）。判断规则主要是选择 AIC、BIC 或 HQIC 值最小的模型，但三者不一致时，通常情况下，BIC/HQIC 要优于 AIC。

（3）协整关系检验。一般采用 Kao、Pedroni、Westerlund 等方法检验内生变量间是否存在长期均衡关系。其中 Kao 为同质性协整检验，Pedroni、Westerlund 为异质性协整检验。

脉冲响应函数。当 PVAR 模型显示变量间存在长期均衡关系时，脉冲响应函数能够直观反映当一个变量面对其他变量一个标准差的随机扰动冲击时所产生的当期响应以及未来各期的动态变化趋势（陈晓红等，2019），能够刻画城镇化与粮食生产交互影响的状态与路径，并判断变量间的时滞关系。

方差分解。方差分解显示了一个变量随着时间积累而受另一个变量冲击影响的程度，即系统中每个变量的相对累计贡献率，能够衡量不同变量的冲击反应在解释其他变量波动中的重要性（陈晓红等，2019）。

4.2.2 变量选取与数据来源

本章 PVAR 分析所用的变量是城镇化综合水平和粮食产量，以中国 286 个地级及以上城市为研究对象。由于 2000 年之前数据的获取难度较大，存在较多缺失，且随着 2001 年粮食流通体制市场化改革的深入[①]及城镇化进程开始加快，综合考虑后，选择 2000~2022 年为研究时点。本章及以下各章所涉及的城镇化与粮食产量数据主要来源于历年《中国城市统计年鉴》《中国区域经济统计年鉴》及各省统计年鉴，缺失数据通过地级市统计年鉴和统计公报进行补充，仍然缺失的数据通过插值法加以补充。另外，在分析过程中，对相关变量做自然对数处理以减少异方差。后续实证研究的数据来源均与此相同。两变量的说明见表 4-2。

表 4-2　　　　　　　　　相关变量的测算及说明

变量名称		变量说明
城镇化综合水平：熵值法测算	人口城镇化	常住人口城镇化率
	土地城镇化	城镇建成区面积/土地面积
	经济城镇化	非农产业增加值/GDP
粮食生产	生产规模	粮食产量

---

① 国务院关于进一步深化粮食流通体制改革意见. http://www.gov.cn/gongbao/content/2001/content_60987.htm。

4.3 城镇化与粮食生产的动态响应规律

4.3.1 动态交互特征

为增强检验结果的可靠性,本部分同时采用 LLC、IPS、Fisher – ADF 及 Hadri 四种面板单位根检验方法,分别对变量原序列进行检验(见表 4 – 3)。检验结果显示,urban 和 grain 均在 1% 的水平上显著地拒绝了原假设,即两变量的水平值均不存在单位根,urban 和 grain 原序列均为同阶单整的平稳序列,可判断城镇化与粮食生产具有存在长期均衡关系的可能性。

表 4 – 3　　　　　　　　面板数据的单位根检验

检验方法	LLC		IPS		Fisher – ADF		Hadri	
	统计量	P 值	统计量	P 值	统计量	P 值	统计量	P 值
lnurban	-4.266	0.000	-12.807	0.000	-31.049	0.000	18.550	0.000
lngrain	-3.158	0.000	-8.417	0.000	-32.851	0.000	11.237	0.000

注:以上方法的检验均包含截距项,不包含时间趋势项;P 值为相伴概率。

接下来,基于 AIC、BIC、HQIC 等准则确定 PVAR 模型的最优滞后阶数(见表 4 – 4)。结果显示,三种不同准则下的滞后阶数均为 4,故本书选用滞后 4 阶的 PVAR 模型。

表 4 – 4　　　　　　　　面板数据的滞后阶数选择

滞后期	AIC	BIC	HQIC
1	18.8729	19.6579	19.1464
2	16.4498	17.2812	16.7404

续表

滞后期	AIC	BIC	HQIC
3	16.4488	17.3321	16.7585
4	16.2969*	17.239*	16.6284*
5	16.419	17.4277	16.7753

注：*表示在该准则下的最优滞后阶数。

在平稳性检验和滞后阶数确定后，采用 Kao、Pedroni、Westerlund 三种方法进行面板协整性检验（见表4-5）。检验结果显示，三种方法均在1%的显著性水平上拒绝变量之间不存在协整关系的原假设，可以判断城镇化与粮食生产之间存在协整关系，说明二者之间存在并保持长期稳定的均衡关系。

表4-5　　　　　　　　　面板数据的协整关系检验

检验方法	Kao		Pedroni		Westerlund	
	统计量	P值	统计量	P值	统计量	P值
Modified Dickey-Fuller t	8.257	0.000				
Modified Phillips-Perron t			-4.591	0.000		
Variance ratio					-3.813	0.000

经过以上检验后，利用 GMM 方法估计城镇化与粮食生产之间 PVAR 模型的相关参数。为消除模型中时点效应和个体效应导致的估计偏误，参考阿雷拉诺等（Arellano et al.，1991）的方法，时点效应采用"截面均值差分法"进行消除，在此基础上个体效应采用 Helmert 方法通过"前向均值差分法"进行消除，以实现滞后变量与转置变量的正交。表4-6 报告了城镇化与粮食生产的 GMM 估计结果，同时通过特征根检验模型的稳定性。对于 PVAR 模型，当所有特征根的模的倒数小于1，即方程的特征根位于单位圆内时，说明该模型是稳定的。观察图4-1，模型中的所有特征根均位于单位圆内，显示出双系统 PVAR 模型的结果具有稳定性。

表 4-6　　　　　　　　　　面板数据的协整检验结果

lngrain 方程				lnurban 方程			
变量	系数	z 值	P>|z|	统计量	系数	z 值	P>|z|
$h\_lngrain$（1）	0.544***	7.59	0.000	$h\_lnurban$（1）	0.062***	1.78	0.075
$h\_lngrain$（2）	0.145***	4.02	0.000	$h\_lnurban$（2）	0.003	0.16	0.869
$h\_lngrain$（3）	0.029	0.12	0.907	$h\_lnurban$（3）	0.007	0.04	0.968
$h\_lngrain$（4）	0.068***	3.34	0.000	$h\_lnurban$（4）	-0.011	-0.91	0.363
$h\_lnurban$（1）	-0.055*	-1.96	0.051	$h\_lngrain$（1）	0.741***	7.24	0.000
$h\_lnurban$（2）	-0.049	1.60	0.110	$h\_lngrain$（2）	0.172	1.82	0.069
$h\_lnurban$（3）	-0.065*	-1.82	0.084	$h\_lngrain$（3）	0.043**	2.32	0.020
$h\_lnurban$（4）	0.167*	1.70	0.089	$h\_lngrain$（4）	-0.014	0.62	0.534

注：***、**和*分别表示在1%、5%和10%水平上显著；括号内数字表示滞后期。

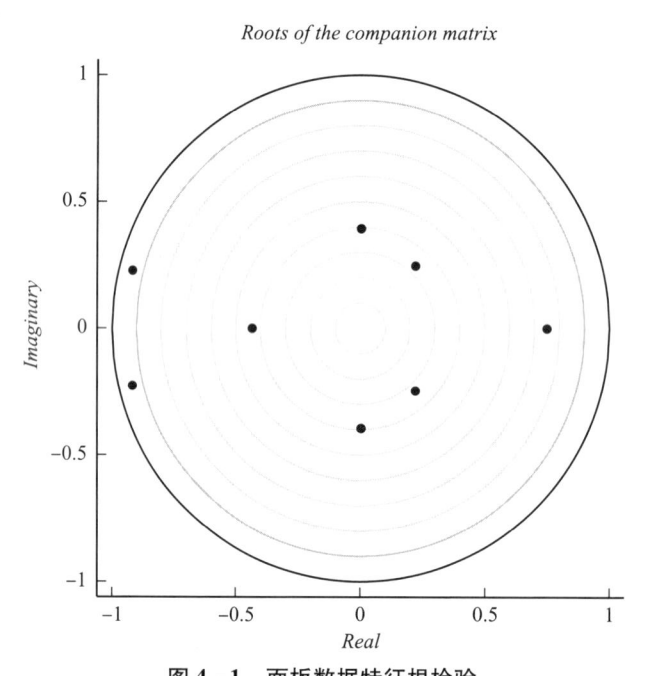

图 4-1　面板数据特征根检验

注：Real 为根的实部，Imaginary 为根的虚部，Roots 为伴随矩阵的根。

简要分析 PVAR 模型的检验结果，可以发现粮食生产受到城镇化的影响程度更大，具体如下。

（1）城镇化与粮食生产的自身演化过程均存在时间上的惯性特征与路径依赖。滞后 1 期的城镇化与粮食生产对当期的影响均显著为正，弹性系数分别为 0.544、0.062，表明城镇化发展与粮食增产是一个循序渐进的过程，因此相关政策的制定与实施应考虑渐进性、长期性与可持续性。但随着滞后阶数的增长，城镇化和粮食生产对当期的正向影响均呈缩小态势，但表现不一，粮食生产滞后 4 期的影响仍显著为正，即粮食生产的惯性时滞效应较长，而城镇化滞后 2 期的正向影响已不显著，滞后 4 期的影响已经转变为负向，即城镇化的惯性效应会随着时间的变化而趋于减弱。

（2）城镇化在短期内抑制了粮食生产的产出规模，而在长期时间演变中有利于粮食生产。城镇化的滞后项对当期粮食生产形成的影响在第 1 期～第 3 期均为负向，但只在第 2 期不显著，并在滞后 3 期发生反弹效应，而其滞后 4 期则开始显著为正向。观察系数的变化，负向影响呈减弱态势，并在滞后 4 期开始转为正向，总体上呈先负后正的变化趋势，表明城镇化对粮食生产的影响在短期内存在负向抑制作用，而随着时间的推移，负向作用趋于减弱，并逐渐呈正向作用。也就是说，当城镇化进程达到一定程度的时候，由此带来的技术进步、要素配置优化等共同作用抵消了负向影响，并有助于促进粮食生产。

（3）粮食生产在短期内有助于推动城镇化进程，而在长期时间演变中并不利于城镇化发展。粮食生产的滞后项对当期城镇化的影响在滞后 1 期～滞后 3 期为正向，但只在滞后 1 期显著，而在滞后 4 期时的影响显著为负。观察系数的变化，可发现正向影响逐渐减弱，并向负向影响转变，表明粮食生产对城镇化的影响在短期内有助于城镇化进程，但随着时间的推移，正向推动作用存在衰减效应，并趋于弱化。也就是说，如果粮食供给累积到一定程度，由此带来的供大于求以及边际效应的递减会抵消粮食生产的正向影响，进而拖累城镇化发展进程。

4.3.2　长期响应规律

为进一步探究给定的随机扰动冲击对城镇化与粮食生产在未来长期演变

中的动态变化,接下来在稳定的 PVAR 模型基础上,采用脉冲响应函数分析城镇化与粮食生产的动态交互的响应机制。采用蒙特卡洛模拟(Monte-Carlo)方法进行 1000 次抽样,追踪未来 10 期城镇化与粮食生产的脉冲响应函数。在脉冲响应函数图中(见图 4-2),横轴表示滞后期数,纵轴表示城镇化与粮食生产交互冲击响应的程度,图中实线为计算值,上下两条虚线分别为 5% 和 95% 的置信水平。

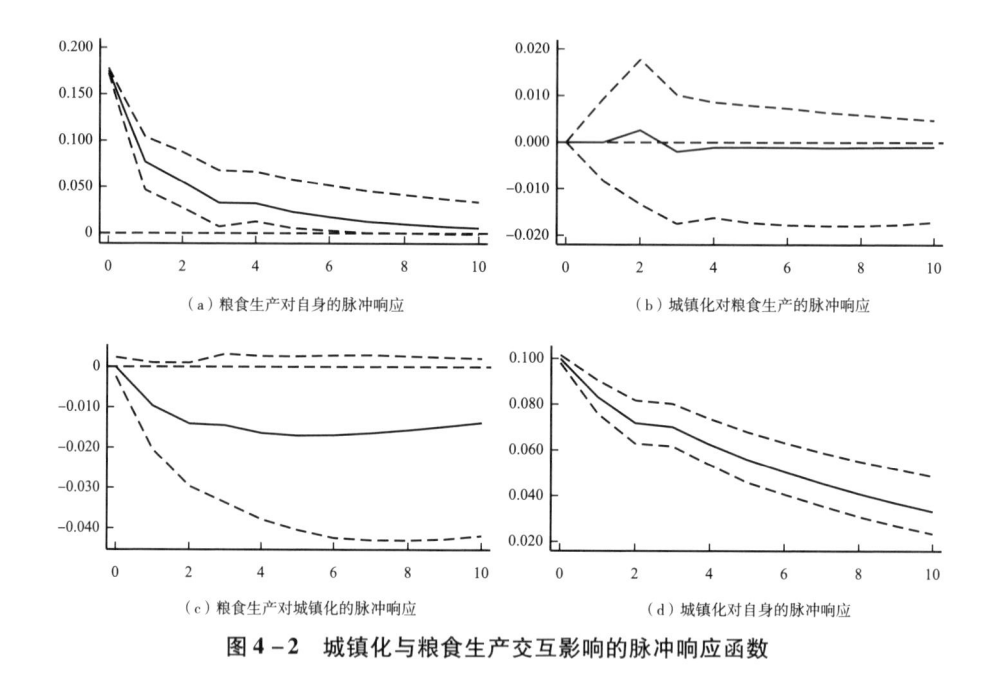

(a)粮食生产对自身的脉冲响应

(b)城镇化对粮食生产的脉冲响应

(c)粮食生产对城镇化的脉冲响应

(d)城镇化对自身的脉冲响应

图 4-2　城镇化与粮食生产交互影响的脉冲响应函数

(1)城镇化与粮食生产对其自身冲击产生的脉冲响应均为正向,但响应程度与衰减速度存在差异[见图 4-2(a)、图 4-2(d)]。具体而言,粮食生产与城镇化对其自身一个标准差的冲击在第 1 期就存在显著的正向响应并达到峰值。随着时间的推移,该正向响应逐渐减弱,直至保持稳定。通过比较,粮食生产对自身冲击的正向响应程度更高,衰减速度则较平缓,该正向响应程度在第 3 期前以较快速度下降后,开始缓慢延续至第 8 期,并趋于稳定;而城镇化对自身冲击的正向响应程度略低,但衰减速度更大,该正向响应的速度在第 3 期之后仍然较显著,以相对较高的速度减弱至第 10 期,并存在继续减弱的趋势。上述结果表明粮食生产和城镇化均存在不同程度的动态惯性与路径依赖特征,粮食生产受自身冲击的响应程度更大,而城镇化受到自身冲击的响应时间更加持久。

(2) 城镇化与粮食生产交互冲击产生的脉冲响应均显著为负,虽然响应程度与衰减速度的差异并不明显 [见图4-2 (b)、图4-2 (c)],但可以判断城镇化与粮食生产之间存在长期的、动态的、非线性的双向负向关系,基本上印证了城镇化与粮食生产之间存在的显著负向交互作用,且与之保持一致的是粮食生产受到城镇化的负向冲击程度更大。具体而言,对于一个标准差的城镇化冲击,粮食生产呈现显著的负向脉冲响应,且在第1期达到峰值,随着时间的延续,负向响应逐渐减弱,并在第6期之后趋于稳定。对于一个标准差的粮食生产冲击,城镇化也存在显著的负向脉冲响应,也在第1期达到峰值,且负向响应持续减弱,并趋于稳定,与PVAR模型的检验结果较接近。整体上,城镇化与粮食生产的负向交互冲击并未随时间的推移而消失,而是长期持续并保持稳定,表明在城镇化高质量发展过程中粮食安全的重要保障作用及粮食生产过程中城镇化的支撑作用较强。

总体而言,脉冲响应函数分析显示,城镇化与粮食生产之间的负向交互关系表现出动态性、长期性与非线性特征,且该负向的交互冲击均在第1期达到峰值,并随时间的延续而逐渐减弱至稳定。

基于方差分解可以得到并预测结构冲击对系统内生变量波动的方差贡献度,预测期数选择为50 (见表4-7)。从贡献度变化来看,城镇化与粮食生产对自身的影响均呈逐年下降的特征,其中粮食生产对自身影响的衰减趋势较为平缓,而城镇化对自身影响的衰减程度及速度则更加明显,贡献度由第1期的0.877以较快的速度减少到第25期的0.761,随着期数的增加,贡献度将保持稳定。城镇化与粮食生产之间交互影响的贡献度均呈稳定增长态势,并趋于平缓,但城镇化对粮食生产影响的贡献度增幅更加明显,其贡献度由第1期的0.000增长到第50期的0.171,而粮食生产对城镇化影响的贡献度同期增长了0.116,表明城镇化对粮食生产影响的贡献要大于粮食生产对城镇化的影响,与前文结论能够相互印证。

表4–7　　　　　　　城镇化与粮食生产交互影响的方差分解

期数	lngrain 方程		lnurban 方程	
	lngrain	lnurban	lngrain	lnurban
1	1	0.000	0.123	0.877
5	0.870	0.130	0.204	0.796
10	0.840	0.160	0.230	0.770
15	0.832	0.168	0.237	0.763
20	0.830	0.170	0.238	0.762
25	0.830	0.170	0.239	0.761
30	0.830	0.170	0.239	0.761
35	0.829	0.171	0.239	0.761
40	0.829	0.171	0.239	0.761
45	0.829	0.171	0.239	0.761
50	0.829	0.171	0.239	0.761

4.4　本章小结

本章在熵值法测度城镇化水平的基础上，构建 PVAR 模型分析城镇化与粮食生产之间交互关系的动态特征，通过脉冲响应函数与方差分解考察城镇化与粮食生产交互关系的长期响应规律。本章得到的主要结论如下。

（1）城镇化与粮食生产的自身演化过程均存在时间演化上的惯性特征与路径依赖。随着时间的演变，城镇化和粮食生产的惯性效应会趋于减弱，相较而言，粮食生产的惯性时滞效应更长。

（2）城镇化与粮食生产的互动关系在短期和长期的表现上存在差异。城镇化对粮食生产的影响在短期内能够产生负向抑制作用，但在长期演变中则转而表现为促进作用，对粮食生产的影响有限；粮食生产对城镇化的影响在短期内能够产生推动作用，但在长期演变中则产生拖累作用，不利于城镇化发展。

（3）脉冲响应函数与方差分解显示，城镇化与粮食生产之间交互影响关系表现出动态性、长期性与非线性特征，且该负向的交互冲击均在第1期达到峰值，并随时间的延续而逐渐减弱至稳定。长期而言，粮食生产受城镇化的影响要大于其对城镇化的影响。

第5章

城镇化对粮食生产的影响效应：非线性特征

本章主要通过门槛模型检验城镇化对粮食生产影响的非线性特征，已有研究多数假设城镇化与粮食生产间的关系是线性的，忽视了城镇化影响粮食生产的地区差异性。不同的城镇化发展阶段对粮食生产可能存在不同程度的外部性影响，即城镇化与粮食生产之间并非简单的线性关系。本章以2000~2022年中国286个地级及以上城市的面板数据为研究样本，选取人口、土地、经济等维度的城镇化指标，在运用熵值法测算城镇化综合水平的基础上，利用动态面板门槛模型考察城镇化与粮食生产间的非线性特征，细化处于不同城镇化发展阶段的地区对粮食生产的差异化影响。

5.1 理论分析与研究假设

5.1.1 城镇化对粮食生产的影响

人口集聚与农村劳动力转移构成了推动中国城镇化进程的主要动力，但有限的城镇土地面积必然导致人口承载力存在极限，也必然导致城镇土地边界不断由城镇近郊地区向农村腹地延伸，进而造成耕地资源的退出。中国粮食生产面临的主要问题依然是耕地与劳动力的刚性约束（高延雷等，2018），这种刚性约束可能不利于粮食生产。城镇化的核心主要体现在人口的城镇化。城乡二元体制结构下，过低的农业比较收益与升高的种粮成本促使农村劳动力持续流向非农产业，不仅导致种粮劳动力总体规模下降，还加速了劳动力结构妇女化与老龄化。耕地是粮食生产的物质基础，城镇土地空间的扩张会导致耕地数量的减少，而以耕地保护为目的的"占补平衡"政策在实施过程中存在着"占优补劣""占地不补"现象，也会导致耕地质量的降低。而耕地数量和质量的变化必将影响粮食产量（刘锐等，2024）。此外，城镇化进程中的产业结构升级促使要素资源向二三产业转移与流动，并引发农业部门调整要素投入结构，这同样也不利于粮食生产（徐李璐邑，2020）。综合来看，城镇化进程中的人口流动、土地扩张和产业升级等变化最终影响了粮食生产。故提出第一个假设。

假设 5-1：城镇化能够对粮食生产产生负向影响。

5.1.2 城镇化对粮食生产的非线性影响

城镇化发展进程通常伴随着经济快速增长和产业结构升级，处于不同城镇化发展阶段的地区，禀赋条件、耕地规模、种粮成本、生产比重等各有不同，导致粮食产出规模及农产品的需求程度也存在差异，其对粮食生产的影响也是不同的。不同区域所处的城镇化发展阶段不同，对于正处于快速发展扩张阶段的地区，如粮食主产区，粮食生产拥有明显的耕地禀赋基础、劳动力资源和规模效益优势，是我国粮食产量稳定增长的主要来源，在国民经济中占较大比重，城镇化对劳动力与土地规模扩张的需求更大，同时面临着更重的粮食供给保障任务。粮食平衡区自然禀赋条件较差，但人口规模较小，粮食的供需基本维持平衡。然而，多数地区的农村居民家庭纯收入低于全国平均水平，"越种粮越穷"的现象突出（王跃梅等，2013）。城镇化扩张推动了农村劳动力的非农就业与要素投入结构的再配置，但劳动力与耕地资源的基数仍较大，因此对粮食生产的影响存在一个缓慢增强的过程。而当城镇化发展到较高水平的阶段时，如粮食主销区，城镇化与经济发展基础雄厚，且具备产业结构高级化、食品消费结构多元化的特性这些地区较早经历了城市面积的扩张和城市人口的集聚的过程，城镇化扩张导致耕地减少，产生"建设与吃饭"的矛盾，粮食生产缺乏规模优势与比较优势，生产比重和粮食自给率也逐渐降低。城镇化对粮食生产可能产生不同的影响（左斌，2020）。

从发展的角度看，当城镇化水平较低时，该阶段的城市发展以土地向郊区扩张为主，生产技术和机械化还未普及，农作物耕种仍以青壮年农村劳动力为主，但劳动力向城镇转移的数量逐渐增长，耕地的生产要素投入结构调整的幅度较小。城镇扩张规模与强度的提高逐渐影响粮食生产。而随着城镇化发展的持续深入，并超过一定的发展水平时，劳动力流动加速、土地扩张趋稳与经济发展提速等因素促使农村粮食生产的要素结构剧烈变化，生产成本的变化使农户或流转耕地从事非农行业，或采用劳动节约型技术和耕地集约型技术，或种植收益更高的经济作物，改变了农户的种粮意愿与生产结构，城镇化对粮食生产的影响可能逐渐增强。由此可见，不同的城镇化发展阶段影响着地区间的产业结构与粮食生产水平，即城镇化的外部性差异对粮食生产的影响可能是非线性的，并存在某个阈值使城镇化的影响发生转折。故提出第二个假设。

假设 5-2：城镇化对粮食生产的影响具有非线性特征。

5.2 计量模型与变量说明

5.2.1 面板门槛模型

为考察城镇化发展对粮食生产的影响，构建如下基准回归模型：

$$\ln grain_{it} = \beta_0 + \beta_1 \ln urban_{it} + \sigma X_{it} + \mu_i + \omega_t + \varepsilon_{it} \quad (5-1)$$

式（5-1）中，i 表示城市，t 表示年份，$\ln grain$ 表示地区粮食生产水平，以粮食产出规模的自然对数值表征；$\ln urban$ 为城镇化水平，是本书的核心解释变量，以熵值法测算的城镇化水平表征，取其百分比的自然对数值。β_0 为常数项，μ_i 为个体固定效应，ω_t 为时间固定效应，ε_{it} 为白噪声的随机误差项,其他为变量的待估计参数。X_{it}表示可能影响粮食生产的其他控制变量的集合。

为检验城镇化发展对粮食生产的影响是否存在非线性特征,采用汉森(Hansen B E,1999)的面板门槛模型进行非线性特征的考察,以构建的具有单一门槛值的面板门槛模型为例,进行说明:

$$\ln grain_{it} = \beta_0 + \beta_1 \ln urban_{it} \cdot I(\ln urban_{it} \leq \delta) + \beta_2 \ln urban_{it} \cdot I(\ln urban_{it} > \delta) \\ + \sigma X_{it} + \mu_i + \omega_t + \varepsilon_{it} \qquad (5-2)$$

式(5-2)中,lnurban 既是核心解释变量,也是门槛变量;δ为待估计门槛值,δ将研究样本划分为两个区间,β_1、β_2分别为门槛变量在两个区间的估计系数;$I(\cdot)$为示性函数,若括号内表达式为真,则取值为1,反之取值为0。研究样本可能存在多个门槛值,面板门槛模型可以拓展至多重门槛值的形式:

$$\ln grain_{it} = \beta_0 + \beta_1 \ln urban_{it} \cdot I(\ln urban_{it} \leq \delta_1) + \beta_2 \ln urban_{it} \cdot I(\ln urban_{it} > \delta_1) + \cdots \\ + \beta_n \ln urban_{it} \cdot I(\ln urban_{it} \leq \delta_n) + \beta_{n+1} \ln urban_{it} \cdot I(\ln urban_{it} > \delta_n) \\ + \sigma X_{it} + \mu_i + \omega_t + \varepsilon_{it} \qquad (5-3)$$

考虑到粮食生产本身存在延续性和路径依赖的特征,而汉森的传统面板门槛回归属于静态面板模型(Hansen B E,1999),要求解释变量中不能包含内生解释变量,难以处理可能存在的内生性问题和研究对象的动态变化特征,故静态面板门槛模型已不再适用。参考卡纳(Caner,2004)提出的带有内生解释变量和外生门槛变量的门槛模型,在式(5-2)的基础上,引入被解释变量 lngrain 的时间滞后项以控制粮食生产的动态过程和时间惯性,构建动态面板门槛模型(Dynamic Panel Threshold Model,DPTM):

$$\ln grain_{it} = \beta_0 + \alpha \ln grain_{it-1} + \beta_1 \ln urban_{it} \cdot I(\ln urban_{it} \leq \delta) \\ + \beta_2 \ln urban_{it} \cdot I(\ln urban_{it} > \delta) + \sigma X_{it} + \mu_i + \omega_t + \varepsilon_{it} \qquad (5-4)$$

5.2.2 变量说明

本章的核心变量包括粮食产量和基于熵值法测算的城镇化综合水平。进一步,主要从社会经济、基础要素禀赋和地理气候等方面选取指标作为城镇化影响粮食生产的控制变量。社会经济指标主要选取人口密度，用以反映人口数量规模的增长；人均 GDP，用以反映地区经济发展的总体情况；产业结构升级，用以反映主导产业向工业和服务业转型的水平；城乡收入差距，城乡收入差距的扩大吸引农村剩余劳动力向城镇流动，降低了农户的种粮意愿；对外开放水平，对外开放水平的提高能够促进城镇的高质量发展与农产品贸易；交通运输基础，便利的交通基础设施降低了城乡沟通成本与农产品贸易成本。基础要素禀赋指标主要选择人均耕地面积，用以反映耕地面积变化对粮食生产的影响及城镇化对耕地资源的占用情况；地理气候指标主要选取年均降水量、年均气温、日照时数、高程和坡度，用以研究气候条件与地理特征对粮食生产的影响（Polyzos S et al.，2005）。相关变量的界定与说明见表 5-1。

表 5-1　　　　　　　　　　　各变量的说明与测算

变量名称			变量说明
因变量	粮食生产（grain）	生产规模	地区粮食产量
核心自变量	城镇化综合水平（urban）	人口城镇化	人口城镇化率
		土地城镇化	城镇建成区面积/土地面积
		经济城镇化	非农产业增加值/GDP
控制变量	社会经济	人口密度（density）	年末总人口/土地面积
		经济增长（pgdp）	人均 GDP（2000 年不变价格）
		产业结构升级（struc）	第三产业增加值/第二产业增加值
		城乡收入差距（gap）	城镇人均可支配收入/农村人均纯收入
		对外开放水平（open）	进出口贸易总额/国内生产总值
		交通通达性（road）	公路里程/土地面积
	基础禀赋	人均耕地资源（land）	耕地面积/乡村人口
	地理气候	年均降水量（pre）	气象数据的掩膜提取
		年均气温（tem）	
		日照时数（sun）	
		高程（dem）	遥感影像的解译提取
		坡度（slope）	

5.2.3 数据来源

本部分实证分析以 286 个地级及以上城市 2000～2022 年的面板数据为研究样本。所涉及的粮食生产与其他社会经济数据主要来源于历年《中国城市统计年鉴》《中国区域经济统计年鉴》、各省统计年鉴,缺失数据通过地级市的统计年鉴和统计公报进行补充,对于仍然缺失的数据通过插值法进行补充。

气候数据:气温、降水量及日照时数的气象数据来自中国气象局气象数据中心(data.cma.cn)的"中国地面气候资料年值数据集",该数据集为中国 613 个基本、基准地面气象观测站及自动站 1951 年以来气候资料年值数据集(冯颖等,2020),并基于 ArcGIS 空间插值化处理后,通过 ArcGIS 掩膜与分区工具提取至地级市层面。

GIS 与遥感数据:行政边界矢量数据来源于姚顺波教授课题组著作《中国退耕还林效益评估与政策优化》的底图数据。地级市层面的耕地面积数据来源于欧洲太空局气候变化项目(Climate Change Initiative,CCI)全球土地覆盖产品数据(www.esa-landcover-cci.org),时空分辨率分别为年尺度和 300 米 × 300 米,CCI 土地覆盖产品总体准确率达到 74.4%,数据质量较高(阮宏威等,2019)。高程、坡度数据来源于地理空间数据云(www.gscloud.cn),其数据源分别为 SRTMDEM 90 米原始高程数据和 SRTMSLOPE 90 米坡度数据。耕地、高程、坡度均基于 ArcGIS 分区统计工具提取。

5.3 基准回归与内生性讨论

5.3.1 基准回归结果

表 5-2 报告了基准回归结果。模型 1 显示城镇化与粮食产量之间存在显著的负相关关系,进一步控制一系列社会经济与自然因素后,两者的负相关

关系依然显著。考虑到当期城镇化不会对历史粮食生产造成影响，即粮食作物生产存在生长周期，为降低反向因果偏误，引入城镇化的滞后一期项（陈诗一等，2018）。模型3和模型4的估计结果表明，城镇化依然对粮食产量存在显著的负向影响。值得注意的是，相比于模型1和模型3，控制城市社会经济与自然条件特征的模型2和模型4，其估计系数均存在不同幅度的降低，表明这些因素的共同作用能够有效缓解城镇化对粮食产量的负向影响。

表5-2　　　　　　　城镇化对粮食生产影响的基准回归结果

变量	核心解释变量：lnurban		核心解释变量：l.lnurban		主产区	主销区	平衡区
	模型1	模型2	模型3	模型4	模型5	模型6	模型7
lnurban	-0.174** (0.023)	-0.182** (0.023)			-0.081** (0.021)	-0.211* (0.110)	-0.073** (0.017)
l.lnurban			-0.101** (0.025)	-0.095** (0.026)			
控制变量	否	是	否	是	是	是	是
Adj-R^2	0.815	0.818	0.813	0.816	0.913	0.708	0.949
F值	94.99	95.26	90.28	90.16	200.07	33.93	297.14
城市固定	是	是	是	是	是	是	是
年份固定	是	是	是	是	是	是	是
城市数量	286	286	286	286	170	46	70

注：* 和 ** 分别表示在10%和1%水平上显著。括号内为稳健标准误。

基准回归结果显示，地级市层面的城镇化对粮食产量存在显著负向抑制作用，这与全国粮食产量稳定增长的态势存在差异，也与高延雷等（2019）基于省级声明的研究结论存在差异。究其原因，一方面，宏观数据掩盖了地区间的不同细微特征，而更小的地级市尺度的探讨能够挖掘不同地区间禀赋基础、发展条件等特征差异；另一方面，城镇化还处于由注重规模扩张向注重质量提升的转型过程中，人口流动与土地规模仍是粮食生产面临的主要人地矛盾，但种粮面积的波动使粮食产量的增长主要依赖于单产提升，这主要取决于耕地集约利用与农业技术进步。本书在路径分析中重点关注耕地集约利用在城镇化影响粮食生产的过程中发挥的作用。

模型5至模型7依次反映了粮食主产区、粮食主销区和粮食平衡区①城镇化对粮食产量影响的估计系数。可以发现，主产区、主销区和平衡区内城镇化估计系数均为负且显著，表明城镇化均显著降低了三大地区的粮食生产规模，但负向影响程度表现出明显的地区差异性，具体表现为"主销区＞主产区＞平衡区"，即相较于主产区和平衡区，主要集中在东南沿海地区的主销区的城镇化能够对粮食产量造成更强的负向作用。主要原因可能在于，东南沿海地区的城镇化发展进程较早且城镇化水平也较高，一方面，城镇化带来的土地扩张和劳动力流动会对当地的粮食生产要素结构造成冲击；另一方面，产业结构升级使粮食生产缺乏比较优势，农户种粮积极性逐渐下降。

5.3.2 内生性讨论

虽然基准回归模型中尽可能多地控制了影响粮食生产的变量，并尝试引入城镇化的滞后一期项以降低估计偏误，估计结果均证实了城镇化发展对粮食生产的负向影响。然而，可能存在的遗漏变量、双向因果关系等内生性问题，依然可能导致偏误的估计结果。(1) 对于遗漏变量问题。基于个体和时间的双固定效应能够在一定程度上控制某些不可观测的影响因素，但受限于地级市面板数据的可获得性，仍可能遗漏对粮食产量产生影响的变量。(2) 对于双向因果关系问题。城镇化导致耕地面积减少，存在影响粮食产出水平的可能；反之，粮食生产能力的提高存在要素资源"挤出"效应，解放了农村剩余劳动力，这就为城镇化发展奠定了基础。为弱化可能存在的内生性问题导致的估计偏误，接下来尝试寻找城镇化发展的工具变量（Instrumental Variables，IV），并采用两阶段最小二乘法（IV－2SLS）估计城镇化和粮食生产之间的因果关系。

---

① 粮食主产区包括河北、内蒙古、辽宁、吉林、黑龙江、江苏、安徽、江西、山东、河南、湖北、湖南和四川共13省份；粮食主销区包括北京、天津、上海、浙江、福建、广东、海南共7省市；粮食平衡区包括山西、广西、重庆、贵州、云南、西藏、陕西、甘肃、宁夏、青海、新疆共11省份（本研究不包含西藏）。

工具变量的选择需要满足与内生变量相关且与随机扰动项不相关两个条件，本书选择DMSP/OLS夜间灯光数据作为城镇化发展的工具变量（高延雷、王志刚，2020），主要原因是DMSP/OLS夜间灯光数据能够定量测度城市地区人类活动的广度与强度（晁增福等，2023），即能够反映城镇土地扩张与人口集聚。已有学者证明了采用夜间灯光数据度量城镇化水平的合理性（Liu Z et al.，2012），故满足工具变量与内生变量相关的条件。另外，DMSP/OLS夜间灯光数据并不直接影响粮食的产出能力，满足工具变量的排他性约束。DMSP/OLS夜间灯光数据由美国国家地球物理数据中心（National Geophysical Data Center，NGDC）定期发布①，截至2020年发布有1992~2013年的34期影像，本书选择了稳定灯光影像进行分析（刘修岩等，2017）。为匹配夜间灯光数据，拟采用2000~2013年地级市面板数据进行工具变量分析（见表5-3）。

表5-3报告了2SLS估计的结果，第一阶段的弱工具变量F值检验显著大于10，即工具变量与内生解释变量存在显著相关性，表明选择夜间灯光数据作为工具变量是合适的。在第二阶段回归中，引入控制变量和双固定效应后，城镇化对粮食产量仍存在显著的负向影响，且估计系数较基准回归更大，表明双向因果关系问题的存在会导致城镇化对粮食产量的负向效应被低估。综合而言，考虑内生性问题后，城镇化对粮食生产的负向影响得到进一步检验确认，假设5-1得到验证。

表5-3　　　　　　　　基于2SLS的工具变量估计结果

变量	模型8：2SLS	
	第一阶段：ln$urban$	第二阶段：ln$grain$
ln$urban$		-2.896* (1.56)
IV：夜间灯光	0.061** (0.030)	
控制变量	是	是

---

① 资料来源：https://ngdc.noaa.gov/eog/dmsp/downloadV4composites.html。

续表

变量	模型8：2SLS	
	第一阶段：lnurban	第二阶段：lngrain
Adj-R^2	0.934	0.826
弱工具变量检验 F 值	314.52	—
城市固定	是	是
年份固定	是	是

注：* 和 ** 分别表示在 10% 和 5% 水平上显著。括号内为稳健标准误。

5.4 非线性门槛特征

5.4.1 门槛效应检验

前文已经证实城镇化对粮食生产的影响表现出短期效应显著，而长期效应不显著的特征。基准回归的分区域对比也显示，不同粮食功能区粮食生产受城镇化的影响也是不同的。由此可见，城镇化发展对粮食生产的影响可能受制于城镇化发展演化阶段，即城镇化与粮食生产之间可能存在非线性关系。接下来，以城镇化水平为门槛变量，引入粮食产量的滞后一期项来控制时间上的动态变化，以降低内生性，构建动态面板门槛模型以估计城镇化影响粮食生产的非线性特征。参考相关文献（黄智淋等，2013；陈恒等，2016），动态门槛模型的门槛值和影响系数的估计步骤如下。

（1）消除固定效应。为避免消除个体固定效应后的残差项存在序列相关性，采用阿雷拉诺等（1991）的前向正交离差法（forward orthogonal deviations transformation），即各观察值减去自该观察值之后的所有观察值的平均值，来消除个体固定效应（邱栎桦等，2015）。

（2）简化模型回归。动态面板门槛模型中含有被解释变量的滞后项，使模型存在内生性问题。本书采用粮食生产的高阶滞后项（$grain_{it-2} \cdots grain_{it-b}$）对内生变量 $grain_{it-1}$ 进行 OLS 回归，将回归得到的预测值 $\widehat{grain}_{it-1}$ 作为内生解释变量 $grain_{it-1}$ 的工具变量（邱栎桦等，2015）。

(3) 基于 Hansen 的方法对模型进行参数估计，包括估计门槛值和置信区间、检验门槛效应等，进而对分区间的门槛变量系数进行估计。

表 5-4 报告了以城镇化为门槛变量的门槛效应检验结果。可以发现，仅单一门槛值的门槛效应通过检验，城镇化综合指数的单一门槛值 $lnurban = 2.710$（$urban = 15.029$）。另外，门槛效应检验后，进一步借助似然比函数图可清晰地看到门槛值估计及门槛值95%的置信区间（见图5-1）。单一门槛值的似然比统计值为0，门槛估计值的95%置信区间是所有 LR 值小于5%显著水平下的临界值（对应图中虚线）构成的区间，较窄的置信区间表明门槛估计值通过了真实性检验。故根据单一门槛可将城镇化发展水平划分为低城镇化水平（$urban ≤ 15.029$）和高城镇化水平（$urban > 15.029$）。

表 5-4　　　　　　　动态面板门槛效应检验与门槛值估计

门槛类型	F 值	P 值	自抽样临界值			门槛值	95%置信区间
			1	5	10		
单一门槛	19.76*	0.006	18.340	14.375	12.248	2.710	[2.682, 2.712]
双重门槛	9.75	0.146	16.246	11.861	10.307	1.449	[1.408, 1.456]
三重门槛	6.94	0.750	24.879	20.248	17.498	2.171	[2.166, 2.175]

注：*表示在1%水平上显著。P 值和门槛值均采用 Bootstrap 自举抽样300次得到。

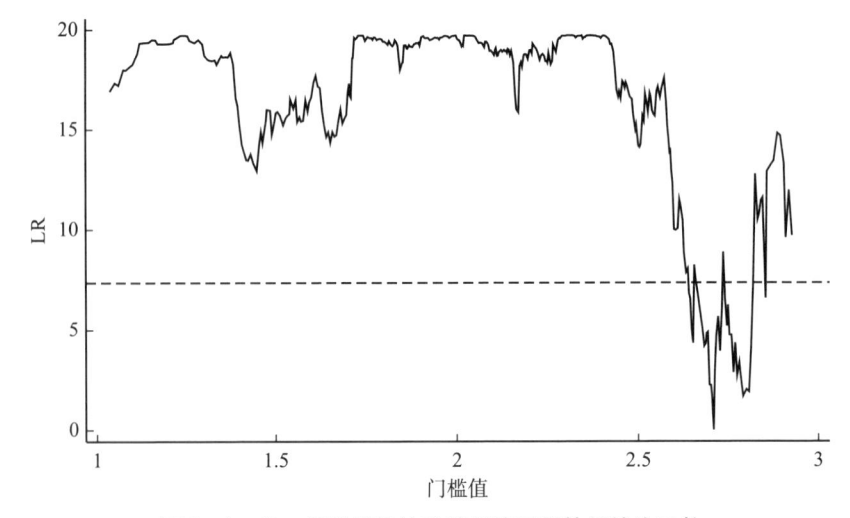

图 5-1　单一门槛值估计及其置信区间的似然比函数

5.4.2 非线性特征分析

根据单一门槛值将全样本划分为低城镇化水平（urban≤15.029）和高城镇化水平（urban>15.029），并采用广义矩估计法估计分区间的斜率系数（高延雷、王志刚，2020）。表5-5同时报告了静态面板门槛模型的估计结果，以便于对照分析。

表5-5　　　　　　　　　面板门槛模型的估计结果

门槛区间	系数	标准误
l. lngrain	0.525	0.011
lnurban≤2.710（urban≤15.029）	-0.041*	0.016
lnurban>2.710（urban>15.029）	-0.064*	0.015
控制变量	是	
R^2	0.549	
F值	307.96	

注：*表示在1%水平上显著。

动态面板门槛模型中的粮食生产滞后项系数显著为正。AR（2）检验结果均支持回归方程不存在二阶序列相关的假设，Sargan过度识别的检验不能拒绝工具变量有效性的零假设，表明动态面板门槛模型的设定是合理有效的。lnurban估计系数在两个区间均显著为负，但影响程度存在较大差异。当城镇化综合指数低于门槛值15.029时，城镇化的估计系数为-0.041，城镇化发展负向影响粮食生产；当城镇化综合指数跨过门槛值15.029时，城镇化的估计系数为-0.064，城镇化对粮食生产的负向影响依然存在，且负向作用显著提升。整体而言，城镇化水平高的地区对粮食生产具有更强的负向作用，即城镇化对粮食生产的影响显著为负且具有"边际效应"递增的非线性门槛特征，该非线性特征与基准回归中分不同粮食功能区的估计结果较类似，侧面反映了门槛估计结果的稳健性，假设5-2得到验证。

城镇化的非线性特征表明，城镇化对粮食生产的门槛效应存在时间和空间上的异质性。在时间变化上，主要表现为随着城镇化的不断推进，跨过门槛值的城市数量也在不断增加，但处于高城镇化水平区间的城市占比仍然较少。综合研究样本，已有 136 个城市跨过门槛值，占比约为 47.552%。在空间变化上，实证结果表明已经跨过门槛值的城市主要分布于东中部地区，且多属于粮食主销区，这些城市不仅经济增长水平较高、产业结构更高级化，农业在社会经济发展中的比重也相对较低，较高的种粮生产成本及更多的就业机会促进了人口集聚与劳动力流动，使粮食生产的投入规模与结构发生改变，比较收益的下降也降低了农户种粮积极性，城镇化对粮食生产的负向影响程度更高。而中西部地区则仅有省会城市及高首位度城市跨过拐点，数量较少且分布零散。其他多数城市的城镇化发展仍处于稳定扩张阶段，产业结构中的种植业比重仍然较高。受区位、资金、劳动力、经济环境等因素的综合影响，这些城市在一定程度上弱化了城镇化对粮食生产的负向影响。整体而言，跨过城镇化门槛值的城市形成了较明显的以东部城市为主，并向中西部地区渐次扩散的空间分布特征。

5.5　本章小结

本章在非线性门槛特征的视角下考察了城镇化对粮食生产的影响及非线性特征。基于 2000~2022 年全国 286 个地级市及以上城市的面板数据，在利用熵值法测算城镇化发展综合水平的基础上，运用动态面板门槛模型考察了城镇化发展与粮食生产之间的非线性门槛效应。本章得到的主要结论如下。

（1）城镇化水平的提高显著降低了粮食产量，但负向影响程度存在明显的区域差异性，表现为粮食主销区负向作用最强，粮食主产区次之，粮食平衡区负向影响最小，经济发达的东南沿海地区的城镇化对粮食产量产生了更强的负向作用。

（2）城镇化对粮食生产的影响存在单一门槛的非线性特征，可将城镇化发展水平划分为低城镇化水平（$urban \leq 15.029$）和高城镇化水平（$urban >$

15.029）。在两个门槛区间内及处于不同城镇化发展阶段的地区，城镇化对粮食生产均产生负向影响，并存在"边际效应"递增的非线性门槛特征，城镇化水平高于门槛值的地区对粮食产量具有更强的负面抑制作用。

（3）就发展现状而言，处于高城镇化水平区间的城市数量占比依然较低。城镇化对粮食生产产生的差异化负向作用，使跨过城镇化门槛值的地区形成了较明显的以东部城市为主，并向中西部城市扩散的渐次性空间分布特征。

第6章

城镇化对粮食生产的影响效应：空间溢出特征

本章通过空间计量检验城镇化对粮食生产影响的空间溢出效应。城镇化对粮食生产的边际效应是本地区累积效应与邻近地区空间溢出效应综合作用的结果，因此有必要考虑城镇化对粮食生产的跨区域影响，以便为区域间政策联动提供理论依据。本章依然以2000~2022年中国286个地级及以上城市的面板数据为研究样本，在运用熵值法测算城镇化综合水平的基础上，建立动态空间面板计量模型，检验城镇化对粮食生产影响的方向和程度，并通过空间效应分解考察城镇化对粮食生产在空间视角下的短期影响和长期影响。

6.1 理论分析与研究假设

要素的空间流动与集聚是城镇化的一个明显特征。城镇化主要是通过人口城乡流动产生的要素集聚，加强了地区间农业生产关联的广度和深度，这不仅直接引致本地区要素结构的配置与生产模式发生改变，还能通过人流、物流的扩散和技术推广影响邻近地区的粮食生产，从而促使地区间粮食生产表现出空间关联特征（单宁珍，2023）。相邻地区具有较相似的自然禀赋基础、气候条件与农业生产条件，城镇化进程中的生产成本、劳动力成本可能表现出共同的上升趋势，促进了农村劳动力的流动、农机服务的跨区作业等要素在地区间的关联性,使城镇化对本地区粮食生产的影响受到邻近地区溢出的影响成为可能。农村劳动力跨地区的流动转移本身就存在空间关联,既能够改变劳动力转出地区的要素投入结构与种植意愿,又能使劳动力转入地区增加对邻近地区农产品的需求。首先,城镇化扩张促进了区域人口的流动与空间集聚,带动其他物质性生产要素在地区间的互动与重配,并推动农业资本、交易信息、技术知识、生产方式等要素在地区间的交流与融合,引发地区间粮食生产结构的转型,人口流动也缓解了劳动力的过密投入产生的内卷现象(王跃梅等,2013);其次,网络效应的存在也促进了资本在城乡间的流动与深化,使要素市场的资金流与微观农户的产品流能够更高效地交易与沟通,降低了地区间沟通的交易成本。地区间的空间关联、生产关联等进一步强化了城镇化的空间溢出效应(赵涛等,2020)。总体上,城镇化进程引发要素配置、生产结构等方面的改变,影响本地区粮食生产,并通过集聚扩散效应对邻近地区粮食生产产生空间溢出。故提出如下假设。

假设 6-1:城镇化发展对粮食生产的影响存在空间溢出效应,即城镇化不仅影响本地区的粮食生产,还影响邻近地区的粮食生产。

6.2 计量模型与变量说明

6.2.1 动态空间计量模型

为考察城镇化发展对粮食生产的影响,构建如下基准回归模型:

$$\ln grain_{it} = \beta_0 + \beta_1 \ln urban_{it} + \sigma X_{it} + \mu_i + \omega_t + \varepsilon_{it} \quad (6-1)$$

式(6-1)中,i 表示城市,t 表示年份,$\ln grain$ 表示地区粮食生产水平,以粮食产出规模的自然对数值表征;$\ln urban$ 为城镇化水平,是核心解释变量,以熵值法测算的城镇化水平表征,取其百分比的自然对数值;β_0 为常数项;μ_i 为个体固定效应;ω_t 为时间固定效应;ε_{it} 为白噪声的随机误差项,其他为变量的待估计参数。X_{it} 表示可能影响粮食生产的其他控制变量的集合。

为检验粮食生产过程中是否存在城镇化发展的空间溢出效应,考虑到粮食生产过程存在的路径依赖与空间相关性,在基准回归模型中引入被解释变量的时间滞后项和空间滞后项,构造动态空间滞后模型(Dynamic Spatial Lag Model, DSLM)(Lee L F et al., 2014)。另外,考虑到城镇化发展与其他经济活动存在的空间相关性,在 DSLM 模型的右边继续引入解释变量的空间滞后项,构造动态空间杜宾模型(Dynamic Spatial Durbin Model, DSDM):

$$\ln grain_{it} = \alpha + \theta \ln grain_{it-1} + \rho W \ln grain_{it} + \beta \ln urban_{it} + \sigma X_{it} + \mu_i + \omega_t + \varepsilon_{it} \tag{6-2}$$

$$\ln grain_{it} = \alpha + \theta \ln grain_{it-1} + \rho W \ln grain_{it} + \beta \ln urban_{it} + \gamma W \ln urban_{it} + \sigma X + \psi W X_{it} + \mu_i + \omega_t + \varepsilon_{it} \tag{6-3}$$

式(6-2)和式(6-3)中,W 为空间权重矩阵,ρ 为因变量空间滞后项的估计系数,用以衡量粮食生产的空间关联程度;θ 为因变量时间滞后项的估计系数,用以衡量粮食生产的路径依赖程度;γ 为城镇化空间滞后项的估计系数;ψ 为其他控制变量空间滞后项的系数向量。

6.2.2 变量说明

本章的核心变量依然为粮食产量和城镇化综合水平。城镇化影响粮食生产的控制变量依然从社会经济、基础要素禀赋和地理气候等方面选取,且与第六章所选取的控制变量一致。相关变量的界定与说明及数据来源均见表 5-1,此处不再赘述。

6.3 动态空间效应

6.3.1 动态影响分析

某地区的城镇化发展不仅影响当地的粮食生产,还会影响邻近地区的粮食生产。这种空间效应既能通过地区内部生产要素的重新配置,也能通过地区间生产要素的流动与农产品的流通而产生。此外,某地区当期粮食生产还受到往期粮食产出状况的影响。本部分将构建动态空间计量模型,以考察城镇化发展对粮食生产影响的空间效应。

(1) 空间计量模型构建的前提是设定空间权重矩阵。本书构建了三种形式的空间权重矩阵:一是具有公共边界的 Rook 邻接权重矩阵 W_1,当两个地区具有共同边界时,矩阵中元素设定为 1,否则设定为 0;二是地理距离权重矩阵 W_2,矩阵元素为地区几何中心经纬度距离倒数的平方;三是粮食规模与地理距离的嵌套矩阵 W_3,该矩阵由 W_2 和粮食产出水平对角矩阵 A 的乘积构成,A 中元素是样本研究期内各地区粮食产量占全国粮食总产量比重的均值。上述 3 种权重矩阵均进行标准化处理。

(2) 采用全局莫兰指数 (Moran' I) 检验粮食产量与城镇化的空间相关性。检验结果显示,粮食产量和城镇化在三种不同空间权重矩阵下的 Moran 指数均显著为正,表明地区间粮食产量与城镇化均表现出显著的正向空间自相关性(见表 6-1)。

表 6-1　不同权重矩阵下粮食产量与城镇化的 Moran 指数

年份	邻接权重矩阵 W_1		距离权重矩阵 W_2		嵌套权重矩阵 W_3	
	粮食产量	城镇化	粮食产量	城镇化	粮食产量	城镇化
2000	0.356*** (10.47)	0.189*** (5.64)	0.194*** (7.39)	0.156*** (6.00)	0.423*** (14.38)	0.061** (2.16)
2001	0.335*** (9.82)	0.229*** (6.74)	0.174*** (6.61)	0.184*** (7.01)	0.393*** (13.29)	0.101*** (3.48)
2002	0.379*** (11.10)	0.206*** (6.09)	0.183*** (6.98)	0.186*** (7.09)	0.439*** (14.90)	0.093*** (3.24)
2003	0.354*** (10.45)	0.232*** (6.98)	0.164*** (6.33)	0.240*** (9.31)	0.366*** (12.51)	0.095*** (3.39)
2004	0.390*** (11.43)	0.203*** (6.43)	0.189*** (7.21)	0.241*** (9.79)	0.437*** (14.80)	0.071*** (2.66)
2005	0.411*** (12.01)	0.232*** (7.18)	0.196*** (7.46)	0.237*** (9.45)	0.451*** (15.26)	0.076*** (2.78)

续表

年份	邻接权重矩阵 W_1		距离权重矩阵 W_2		嵌套权重矩阵 W_3	
	粮食产量	城镇化	粮食产量	城镇化	粮食产量	城镇化
2006	0.453*** (13.15)	0.198*** (6.18)	0.229*** (8.64)	0.215*** (8.67)	0.542*** (18.21)	0.062** (2.33)
2007	0.427*** (12.43)	0.189*** (5.96)	0.217*** (8.20)	0.214*** (8.66)	0.508*** (17.12)	0.054** (2.03)
2008	0.428*** (12.45)	0.201*** (6.30)	0.217*** (8.21)	0.226*** (9.12)	0.508*** (17.21)	0.057** (2.14)
2009	0.428*** (12.50)	0.203*** (6.36)	0.218*** (8.25)	0.214*** (8.64)	0.510*** (17.22)	0.056** (2.09)
2010	0.446*** (13.05)	0.206*** (6.46)	0.212*** (8.04)	0.225*** (9.07)	0.504*** (17.05)	0.058** (2.19)
2011	0.334*** (9.92)	0.197*** (6.10)	0.146*** (5.67)	0.210*** (8.37)	0.362*** (12.45)	0.054** (2.00)
2012	0.461*** (13.58)	0.205*** (6.33)	0.190*** (7.29)	0.212*** (8.46)	0.472*** (16.09)	0.053** (1.98)
2013	0.458*** (13.35)	0.223*** (6.86)	0.204*** (7.73)	0.234*** (9.27)	0.492*** (16.59)	0.062** (2.28)
2014	0.456*** (13.29)	0.198*** (6.16)	0.201*** (7.61)	0.220*** (8.83)	0.492*** (16.62)	0.054** (2.21)
2015	0.461*** (13.45)	0.250*** (7.69)	0.205*** (7.76)	0.296*** (11.73)	0.501*** (16.89)	0.061** (2.25)
2016	0.452*** (13.17)	0.267*** (8.25)	0.205*** (7.77)	0.311*** (12.35)	0.498*** (16.76)	0.061** (2.27)
2017	0.481*** (13.95)	0.260*** (8.04)	0.235*** (8.84)	0.302*** (12.01)	0.555*** (18.64)	0.058** (2.15)
2018	0.476*** (13.81)	0.255*** (7.89)	0.232*** (8.75)	0.295*** (11.75)	0.540*** (18.14)	0.055** (2.06)

续表

年份	邻接权重矩阵 W_1		距离权重矩阵 W_2		嵌套权重矩阵 W_3	
	粮食产量	城镇化	粮食产量	城镇化	粮食产量	城镇化
2019	0.465*** (13.54)	0.246*** (7.61)	0.226*** (8.15)	0.285 (11.33)	0.517*** (17.41)	0.058** (2.15)
2020	0.467*** (15.58)	0.256*** (7.89)	0.229*** (8.25)	0.298 (11.84)	0.522*** (17.56)	0.059** (2.17)
2021	0.468*** (13.61)	0.257*** (7.93)	0.221*** (8.35)	0.298 (11.86)	0.526*** (17.70)	0.058** (2.16)
2022	0.471*** (13.69)	0.255*** (7.87)	0.224*** (8.47)	0.296 (11.75)	0.532*** (17.89)	0.057** (2.14)

注：** 和 *** 分别表示在5%和1%水平上显著。括号内为z分数。

（3）通过两个拉格朗日乘数（LM-lag、LM-error）及其稳健形式（Robust LM-lag、Robust LM-error）对动态空间面板模型的具体形式进行判别（见表6-2）。三个权重矩阵下，LM-lag、LM-error 及 Robust LM-lag、Robust LM-error 均通过了显著性检验。综合来看，动态空间模型的空间杜宾形式要优于空间滞后形式，故选择动态空间杜宾模型作为空间效应分析的检验模型。

表6-2　　　　　空间面板计量模型的LM检验结果

LM检验	邻接权重矩阵 W_1		距离权重矩阵 W_2		嵌套权重矩阵 W_3	
	χ^2	P值	χ^2	P值	χ^2	P值
LM-lag	417.672	0.000	224.788	0.000	188.031	0.000
Robust LM-lag	4167.825	0.000	6568.663	0.000	734.819	0.003
LM-error	10.333	0.001	202.941	0.000	5.958	0.015
Robust LM-error	3760.487	0.000	6546.817	0.000	552.746	0.000

动态空间面板模型的估计方法一般包含两种，一是系统广义矩估计（Sys-GMM）（Elhorst J P, 2014），二是采用无条件ML法（Unconditional Maximum

Likelihood Estimation）对传统 ML 法进行改良（Elhorst J P，2010）。无条件 ML 估计法相比 Sys – GMM 估计法，既能提高估计效率、降低内生性，又兼具参数估计的一致性和渐进有效性（辛冲冲等，2019）。鉴于此，采用无条件 ML 估计法对城镇化影响粮食生产的动态空间模型进行估计。

表 6 – 3 报告了不同权重矩阵下的模型估计结果，同时报告了不包含控制变量和静态空间面板模型的计量结果。结果显示，不管是否包含控制变量，时间滞后效应和空间溢出效应系数均显著为正，表明城镇化对粮食生产的影响存在显著的路径依赖特征和空间溢出效应，假设 6 – 1 得到验证。路径依赖意味着当期粮食生产的变化受到上一期粮食产出的正向影响。空间溢出则意味着城镇化对本地区粮食生产的影响会对相邻地区形成示范效应与传导作用。

表 6 – 3　　　　城镇化影响粮食生产的动态空间面板计量结果

变量	邻接权重矩阵 W_1		距离权重矩阵 W_2		嵌套权重矩阵 W_3		静态空间面板 W_3	
	模型 9	模型 10	模型 11	模型 12	模型 13	模型 14	模型 13	模型 14
$l.\,lngrain$	0.539*** (0.076)	0.585*** (0.087)	0.607*** (0.038)	0.565*** (0.015)	0.608*** (0.067)	0.621*** (0.017)	—	—
$lnurban$	-0.058*** (0.024)	-0.074** (0.029)	-0.056*** (0.019)	-0.037** (0.017)	-0.137 (0.161)	-0.062*** (0.016)	-0.119*** (0.025)	-0.054*** (0.020)
$Wlnurban$	0.009 (0.023)	0.008 (0.024)	-1.043*** (0.346)	-0.369*** (0.097)	-0.352*** (0.095)	-0.289*** (0.068)	0.565 (0.663)	-0.486** (0.224)
ρ	0.344*** (0.063)	0.266*** (0.067)	0.754*** (0.062)	0.984*** (0.264)	0.728*** (0.067)	0.897*** (0.238)	6.351*** (1.211)	2.423*** (0.329)
控制变量	NO	YES	NO	YES	NO	YES	NO	YES
$Adj-R^2$	0.409	0.426	0.394	0.321	0.255	0.317	0.361	0.189
$LogL$	97.913	211.812	-2.088	-139.199	-2.243	-108.729	-141.801	-141.801
观测量	6578	6578	6578	6578	6578	6578	6578	6578

注：** 和 *** 分别表示在 5% 和 1% 水平上显著。括号内为稳健标准误。

在三种空间权重矩阵下，城镇化水平的系数均显著为负，即城镇化水平对粮食生产具有显著的负向影响。城镇化面临土地空间向外围扩张的需求，土地边界从城镇的郊区向外蔓延，导致农业用地逐渐被侵占及耕地非农化。尽管国家对此提出了"占补平衡"的制度，但依然存在"占优补劣""占地不补"的现象，对耕地质量产生影响，进而降低了粮食产量。

城镇化发展也推动了人口的流动与集聚、城乡基础设施建设与非农产业的发展，粮食生产的土地、劳动力要素规模的减少，使要素投入结构得以重新配置。另外，城镇化显著提升了城乡居民的食物消费水平，导致农产品消费需求结构的非粮化，食物消费从注重温饱逐步转变为注重食品安全与营养。耕地减少、要素投入结构及消费需求结构变化等多重因素的叠加作用共同影响粮食生产。城镇化空间滞后项 $W \times \ln urban$ 系数在 W_2、W_3 下均显著为负，表明负向空间溢出效应的存在，使本地区城镇化不仅对当地粮食生产形成负向影响，还对邻近地区的粮食生产造成显著的负向影响。另外，相对于包含控制变量的结果，不包含控制变量时的城镇化负向影响程度明显更高，说明如果不考虑社会经济与自然条件的影响，可能存在高估城镇化负向影响的问题。此外，静态空间面板模型的城镇化估计系数和空间溢出系数同样明显高于动态空间面板模型中相对应的系数，这是由于时间滞后项能够将影响粮食生产的潜在因素（如政策环境、技术进步等）从空间结构因素的影响中分离出来，从而矫正静态模型带来的偏差（于斌斌，2015）。同时也表明采用动态空间面板模型是合适的。

6.3.2 空间效应分解

由于动态空间计量模型中的估计系数难以直接体现城镇化影响的边际效应，空间溢出效应的存在使城镇化对粮食生产的影响可分解为直接效应和间接效应（Elhorst J P，2014）。其中，直接效应表示地区内部城镇化对粮食生产的影响，间接效应则表示本地区城镇化对邻近地区粮食生产的影响。效应分解在时间维度上还可以分为短期效应和长期效应（黄赜琳等，2020）。表6-4为基于考虑控制变量的动态空间面板模型进一步效应分解的结果。

表 6-4　　　　　　　　　　　直接效应和间接效应分解结果

变量	效应	邻接权重矩阵 W_1	距离权重矩阵 W_2	嵌套权重矩阵 W_3
$lnurban$	短期直接	-0.048** (0.021)	-0.017** (0.007)	-0.032** (0.017)
	短期间接	-0.002 (0.029)	-0.605*** (0.105)	-0.045** (0.019)
	短期总效应	-0.050** (0.026)	-0.622*** (0.116)	-0.077*** (0.025)
	长期直接	-0.103** (0.033)	-0.038 (1.281)	-0.246 (1.282)
	长期间接	-0.082 (0.097)	-2.692 (3.134)	-0.029 (1.296)
	长期总效应	-0.185* (0.101)	-2.730 (3.414)	-0.275 (1.573)

注：*、**和***分别表示在 10%、5% 和 1% 水平上显著。括号内为稳健标准误。

效应分解显示，在三个不同的空间权重矩阵下城镇化的影响方向基本上是一致的，即均为负向效应。短期效应在三个矩阵下均显著为负，而长期效应除在矩阵 W_1 下显著外，在矩阵 W_2、矩阵 W_3 下均为负向不显著。虽然长期负向效应要大于短期负向效应，但整体而言，城镇化发展能够在短期内显著负向影响本地区与邻近地区的粮食生产，而长期时序变化上的负向作用并不明显。从短期效应分解看，城镇化发展对粮食生产的直接效应和间接效应均显著为负，且负向的间接溢出程度要明显大于直接效应（除 W_1 外），意味着城镇化会在短期内负向影响本地区粮食生产，并通过空间溢出效应更大程度地负向影响邻近地区的粮食生产。原因可能在于，本地区短期内耕地减少与壮年劳动力的流失，加之农业机械服务尚未推广普及，造成粮食生产要素的投入不足与结构性失调，并通过竞争性模仿效应影响邻近地区。显著的短期负向效应与不显著的长期负向效应表明城镇化能够在短期内对本地区与相邻地区的粮食生产产生负向影响，但长期来看，负向抑制作用并不明显，而正向促进作用还有待进一步检验。

6.4 区域异质性分析

对于资源禀赋基础和农业生产条件不同,且城镇化发展水平存在差异的地区而言,城镇化对粮食生产的影响可能存在区域异质性。因此,有必要在计量模型中考虑区域异质性。依然采用动态空间杜宾模型作为空间效应分析的检验模型,表6-5报告了嵌套权重矩阵 W_3 下南北方及不同粮食功能区的无条件ML估计的结果。结果显示,路径依赖特征和空间溢出效应依然显著,但南北方、不同粮食功能区城镇化对粮食生产的影响在程度与显著性上存在差异,主要表现为北方城镇化的负向影响不显著、产销平衡区城镇化的负向影响不显著。此外,城镇化对粮食生产影响的空间溢出在程度及显著性上也存在着明显的区域差异。

表6-5 不同区域的估计结果

变量	北方	南方	粮食主产区	粮食主销区	产销平衡区
$l.\ \mathrm{lngrain}$	0.513 *** (0.036)	0.541 *** (0.068)	0.458 *** (0.065)	0.582 *** (0.089)	0.419 ** (0.189)
lnurban	-0.048 (0.136)	-0.113 *** (0.043)	-152 ** (0.024)	-0.166 ** (0.074)	-0.223 *** (0.023)
$w \times$ lnurban	-0.256 (0.151)	-0.821 ** (0.324)	-0.773 ** (0.374)	-0.573 * (0.331)	-0.779 ** (0.283)
ρ	0.636 *** (0.228)	0.559 * (0.321)	0.896 *** (0.208)	0.582 ** (0.229)	0.386 *** (0.089)
控制变量	是	是	是	是	是
Adj $-R^2$	0.527	0.496	0.402	0.464	0.598
LogL	177.304	105.328	412.219	-223.815	-159.932
观测量	3002	3268	3458	874	1938

注:*、** 和 *** 分别表示在10%、5%和1%水平上显著。括号内为稳健标准误。

南北方城镇化对粮食生产的动态影响差异主要表现为北方城镇化对粮食生产的负向影响并未通过显著性检验，北方城镇化未显著影响粮食产量。原因可能在于，北方正处于快速的城镇化进程与粮食生产重心北移的双重共生阶段，城镇化发展与粮食生产的任务均比较艰巨。在城镇化发展历史经验的启示下与耕地保护制度完善的约束下，对城镇化进程提出了更高要求，即实现城镇化高质量发展，并确保完成粮食生产任务，有效保障全国的粮食供应。此外，城镇化高质量发展引致的生产要素重组与农业技术进步将助力粮食单产的提高。而南方城镇化对粮食生产的影响显著为负，随着中国经济发展的区域格局南北差距逐渐凸显（董雪兵等，2020），南方尤其是东南沿海地区较早的城镇化进程及较高的城镇化水平推动了经济增长，并带动了城乡收入水平的提高，与非农行业相比，种粮比较优势较低，导致农户从事粮食生产的意愿较低，使粮食生产重心不断北移，进而对南方地区粮食生产形成不利影响。从空间溢出效应看，南北方某地区城镇化对邻近地区粮食生产的溢出效应均为负向，与全国层面保持一致，但未通过显著性检验，城镇化能够通过要素的空间流动对邻近地区农业生产要素的配置结构产生重组效应，从而导致要素规模减小而形成挤出效应。南方地区城镇化对粮食生产的空间溢出程度明显高于北方地区。

不同粮食功能区城镇化对粮食生产的动态影响同样存在明显差异，但影响方向与显著性与全国层面保持一致，也与第 5 章的基准回归结果基本一致。负向影响程度同样表现出明显的地区差异性，即"主销区 > 主产区 > 平衡区"。粮食主产区城镇化不仅负向影响粮食生产，且存在显著负向的空间溢出效应。粮食主产区除东北地区城镇化水平较高、粮食产量较高外，其他地区均面临着城镇化发展与保障粮食生产规模的双重任务。城镇化进程中的人口迁移、规模扩张会对粮食生产的要素投入产生挤出效应，可能会对粮食生产形成不利影响。粮食主销区城镇化对粮食生产的负向影响与空间溢出的程度最高，原因可能在于，粮食主销区除北方的北京、天津外，主要集中分布在东南沿海地区，较国内其他地区具有更高的经济增长及城镇化水平，产业结构中制造业与服务业发展显著快于农业，挤出效应的存在使农业不再具有比较优势。农村劳动力大多数流向收入较高的非农产业，人才、资金等要素的稀缺推动农业生产成本上升，同时，邻近地区间城镇化发展存在策略性竞争效应，加速了溢出效应的传导。产销平衡区城镇化对粮食生产的负向影响不显著。产销平衡区集中分布在我国西北地区和西南地区，西北地区地广人稀，西南地区地势险要，基础设施建设的滞后使城镇化的规模扩张速度受到较大限制，农业生产规模能够保证区域内粮食产出供需的基本平衡，受城镇化的影响相对较小。

6.5 本章小结

本书在动态空间溢出特征的视角下考察了城镇化对粮食生产的影响。同样基于2000~2022年全国286个地级市及以上城市的面板数据，在利用熵值法测算城镇化发展综合水平的基础上，建立动态空间面板计量模型，分析城镇化影响粮食生产的方向与程度，并进一步对空间溢出特征的长短期效应进行分解，了解城镇化的短期影响与长期影响。本章得到的主要结论如下。

（1）城镇化对粮食生产存在显著负向影响，并具有路径依赖特征和空间溢出效应。一方面，当期粮食生产的变化受到上一期粮食产出的正向影响；另一方面，由于示范效应的存在，城镇化不仅对本地粮食生产形成负向影响，还会对邻近地区的粮食生产造成显著的负向影响。

（2）动态空间效应研究显示，城镇化不仅能够影响本地区粮食生产，还能通过传导作用对邻近地区粮食生产造成负向影响。空间效应分解表明，城镇化能够在短期内负向影响本地区及邻近地区的粮食生产，且短期间接效应大于短期直接效应，但长期的负向影响效应并不突出。

（3）南北方、不同粮食功能区的城镇化对粮食生产的影响也存在较大差异性。南北方的差异主要表现为北方的城镇化未显著影响粮食产量，而南方城镇化对粮食生产的影响则显著为负。不同粮食功能区城镇化对粮食生产的负向影响同样存在明显的区域异质性，负向影响程度依然表现为"主销区＞主产区＞平衡区"。

第 7 章

城镇化影响粮食生产的作用路径：耕地集约利用的中介作用与气候条件调节作用的双重效应

基准回归、非线性特征及空间溢出效应的结论均显示城镇化对粮食生产存在负向影响。从历史变迁角度看，全国粮食产量在 2003 年后基本呈稳定增长态势，粮食生产总体上并未受到城镇化进程的负面影响。那么，需要关注的是，城镇化是如何影响粮食生产的，其中的主要作用路径是什么？耕地利用的变化在其中发挥了怎样的作用？本章将在耕地集约利用的中介作用与气候条件调节作用的双重效应下，深入探讨城镇化影响粮食生产的作用路径与内在联系。本章构建了一个集城镇化、耕地集约利用、气候条件与粮食生产于一体的理论分析框架，将地理信息系统、遥感技术与社会经济系统相结合，以 2000~2022 年中国 286 个地级及以上城市的面板数据为研究样本，运用熵值法测算城镇化综合水平和耕地集约利用水平，选择气温、降水量、日照时数为具有代表性的气候指标，运用有调节的中介效应模型检验耕地集约利用在城镇化影响粮食生产中发挥的中介作用及其作用程度，实证考察不同气候指标对耕地集约利用中介效应的调节方向和程度，进而揭示气候条件调节作用的区域异质性。

7.1 理论框架与研究假设

7.1.1 耕地集约利用的中介作用

土地本身具有的稀缺性，使城镇化与粮食生产的主要矛盾体现为不同类型土地利用的相互竞争。耕地利用的变化是城镇化影响粮食生产的直观表现，耕地面积的减少直接促使农户对生产要素投入进行重新分配，并通过调整单位面积的化肥、农药、农膜等生产性物质要素的投入强度与结构来实现粮食生产的稳定与粮食单产的提高，改变了耕地利用水平。故本书重点关注城镇化通过耕地利用水平的变化影响粮食生产的作用路径。

耕地集约利用是在一定耕地面积上，增加非耕地要素投入（资金、劳动力、技术等）的生产经营模式。在管理学范畴，耕地集约利用不仅表现为要素投入的数量规模，还体现在要素投入的结构、有效性及边际效益的制约上，强调各生产要素的优化配置与适度规模（杜国明等，2022）。总体而言，耕地集约利用是一个动态的、长期的变化过程，具有自然、经济与社会背景。既受气候变化和环境因素等自然驱动力的综合影响，也与人口增长、产业政策、城镇化进程和经济发展等人文驱动力密切相关（桑一铭等，2024）。城镇化发展对耕地规模的影响使耕地集约利用的程度和质量不断发生变化，耕地利用需要适应不同时间、不同阶段农业发展的要求。城镇化虽然导致耕地面积减少，但城镇化对耕地生产力的边际影响并未导致粮食产量出现相应比例的下降。当耕地面积减少时，农户具有改变耕地集约利用水平的内在动力，并通过权衡增加单位面积生产性支出是否能带来可观的经济效益来调整生产结构和方式。因此耕地集约利用在城镇化影响粮食生产中可能发挥中介作用。耕地集约利用是通过对单位面积的非耕地要素投入、优化调整现有的土地利用形式与结构，以提高耕地的经济效益和利用效率（王国刚等，2014）。城镇化主要表现为能够通过农村劳动力转移、城乡居民消费升级、非农产业发展等因素引致耕地集约利用水平的变化。在实践中，城镇化虽然导致了耕地面积的减少，但禀赋条件异质性的存在，使城镇化带来的农业诱致性技术变迁进程表现出突出的区域不平衡特征（郑旭媛等，2017）。不同地区的农户面对耕地的减少及务农劳动力的变化，会倒逼农户调整耕地利用方式，根据生产成本和预期收益的变化采取不同的应对方式。

在假设现有农业技术条件不变的情况下，耕地资源丰富地区的农户能够通过套种、间作等多种方式增加播种面积及复种指数，并存在增加单位面积化肥、农药等物质要素投入的正向激励，以提高耕地集约利用水平，从而应对市场需求的增加和耕地稀缺性的约束（祝伟等，2021）。对于耕地资源相对欠缺的地区，难以形成规模效应，种植成本的上升降低了农户从事粮食生产的意愿，增加了农户流转土地或撂荒、抛荒的可能性，同时也存在"靠天吃饭"的现象，依然保持原有的粗放耕地利用方式不利于提升耕地集约利用水平。此外，要素投入增长空间的有限性和耕地保护政策的推进，也限制了集约利用水平的提升。对于具有规模经济潜力的种粮大户，还能够通过扩大经营规模等手段降低单位面积的物质要素投入，提高利用效率及粮食单产，但也存在集约利用水平降低的可能性。由此可见，拥有不同耕地规模的农户，其耕地利用的价值取向和集约偏好存在明显差异，耕地集约利用是农户在面对各种经济、社会和制度约束条件下，对不同耕地利用方式进行权衡选择的结果（辛玥等，2021）。

另外，耕地集约利用与粮食生产关系密切。耕地集约利用水平的改变意味着单位面积上投入生产要素规模的变化，在耕地面积面临约束的趋势下，增加物质性农业生产资料投入规模，有助于粮食增产（彭小辉等，2018），也是过去粮食生产保持增长所依赖的路径。有研究指出，增加单位耕地的物质资本投入会带来粮食单产的提高（李长松等，2022），但耕地超负荷利用，即过高的化肥、农药、农膜等化学品的投入强度，容易导致土壤养分失衡、土壤肥力降低、农田生态复原力被破坏及水体污染的风险，不利于长期的粮食供给（张云华等，2019）。因此，城镇化能够改变耕地集约利用水平，而耕地集约利用水平的变化也能够影响粮食生产。耕地集约利用可能在城镇化影响粮食生产的过程中存在中介效应，但是很少有研究关注城镇化进程中土地利用变化引致耕地集约利用水平的改变而影响粮食生产的间接路径。考虑间接影响的必要性涉及粮食生产对持续减少的耕地供应的固有反应，对该反应的长期应对则取决于生产技术的提升，而不是无限制地增加生产要素投入。鉴于以上分析，提出以下假设。

假设7-1：耕地集约利用能够在城镇化影响粮食生产的过程中发挥中介作用，即城镇化能够通过改变耕地集约利用水平而影响粮食生产。

7.1.2 气候条件的调节作用

粮食生产不仅受到各种社会经济因素的影响，还受到气候等自然条件的直接影响。气候条件是指各种天气现象的水热条件，主要气象指标包括平均气压、年平均气温、极端气温、平均相对湿度、年平均降水量、年日照时数等。气候条件的变化给粮食生产带来了诸多不确定风险，粮食生产面临着根据气候变化调整适应性生产行为的需求。然而气温、降水、日照等气候条件在不同区域及不同作物间具有明显差异（Piao S et al., 2010），且区域性干旱将使粮食生产面临越来越严重的挑战，气候条件的区域性差异可能在城镇化对粮食生产的影响中发挥调节作用。

全球气候变化问题已受到国内外社会的广泛关注。农业是受气候条件影响最敏感的领域，气候条件中的气温、降水量、日照等关键指标的区域性差异会导致农作物生长水土资源空间分布的不同（尹朝静等，2016），即气候条件不同的地区，其粮食生产的方式、结构等也存在差异，并造成不同粮食作物生长地域、环境适应性的差异，粮食产量也随之波动。总之，气候条件对粮食生产的影响是复杂的，并存在时空上的异质性（Vermeulen S J et al., 2012），主要体现在农业地理限制的变化上（Schmidhuber J et al., 2007）。中国幅员辽阔，北方气温增幅明显高于南方，而南方日照减幅则明显大于北方，"南涝北旱"的降水差异继续加大（潘根兴等，2011），气候的显著差异使粮食生产的适应性表现出复杂而明显的区域特征。

同时，不同地区气候条件及其变化导致生产要素的边际产出存在差异，使城镇化影响粮食生产的作用路径可能受到外在气候条件变化的影响，但也促使不同区域粮食生产及耕地利用对气候条件产生不同的适应性（冯晓龙等，2017）。例如，气候变暖对东北地区粮食增产有明显的促进作用，并有助于提高耕地利用程度，而对华北地区、西北地区和西南地区的粮食增产则有一定的抑制作用（Liu Y et al., 2010）。气候变暖还使北方作物适宜种植区域向高纬度和高海拔地区扩展（刘立涛，2018），有助于激励农户增加物质性要素投入，以提高粮食单产。降水变化同样是影响粮食生产区域性差异的主要原因，旱涝灾害的地区差异已成为耕地集约利用及水稻、小麦和玉米单产提高的主要限制因素（苏芳等，2022）。由此可见，在不同区域气温、降水等气候条件的约束下，作物的种植制度也表现为小麦、玉米、稻谷等差异化的区域分布，种植熟制自南向北经历了一年三熟到一年一熟的演化。整体来说，气候条件的变化能够调节不同地区的耕地利用和粮食生产活动，但不同的气候条件对粮食生产与耕地利用所产生的调节作用存在区域异质性，从而使粮食生产能够根据当地气候条件做出适应性选择，并因地制宜地调整粮食作物的种植制度、作物布局和品种布局（苏芳等，2022）。因此，面对中国农业地理和气候条件的多样化和区域差异，在探讨城镇化对粮食生产影响的中介作用路径时，必须考虑气候条件对耕地利用与粮食生产的调节作用。鉴于以上分析，提出以下假设。

假设7-2：气候条件能够在"城镇化→耕地集约利用→粮食生产"的中介路径中发挥调节作用。

假设7-3：不同的气候指标（如气温、降水量、日照时数）在耕地集约利用中介路径中产生的调节作用存在区域异质性。

通过上述分析，构建气候条件下城镇化通过耕地集约利用而影响粮食生产的作用路径及其框架（见图7-1）。

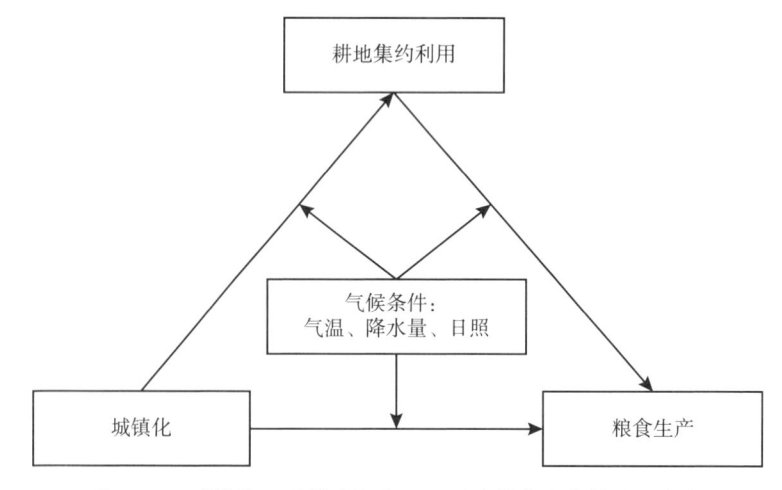

图7-1 城镇化通过耕地集约利用影响粮食生产的作用路径

7.2 模型设定、变量说明与数据来源

7.2.1 普通中介效应模型

考察未引入气候条件的调节作用时,检验耕地集约利用在城镇化影响粮食生产中发挥的中介作用。参考中介效应检验方法(Baron R M et al., 1999;温忠麟等,2014),建立如下中介效应模型(见图7-2):

$$\ln grain_{it} = \alpha_0 + \alpha_1 \ln urban_{it} + \sum X + \mu_i + \omega_t + \varepsilon_{it} \quad (7-1)$$

$$\ln ciu_{it} = \beta_0 + \beta_1 \ln urban_{it} + \sum X + \mu_i + \omega_t + \varepsilon_{it} \quad (7-2)$$

$$\ln grain_{it} = \gamma_0 + \gamma_1 \ln urban_{it} + \gamma_2 \ln ciu_{it} + \sum X + \mu_i + \omega_t + \varepsilon_{it} \quad (7-3)$$

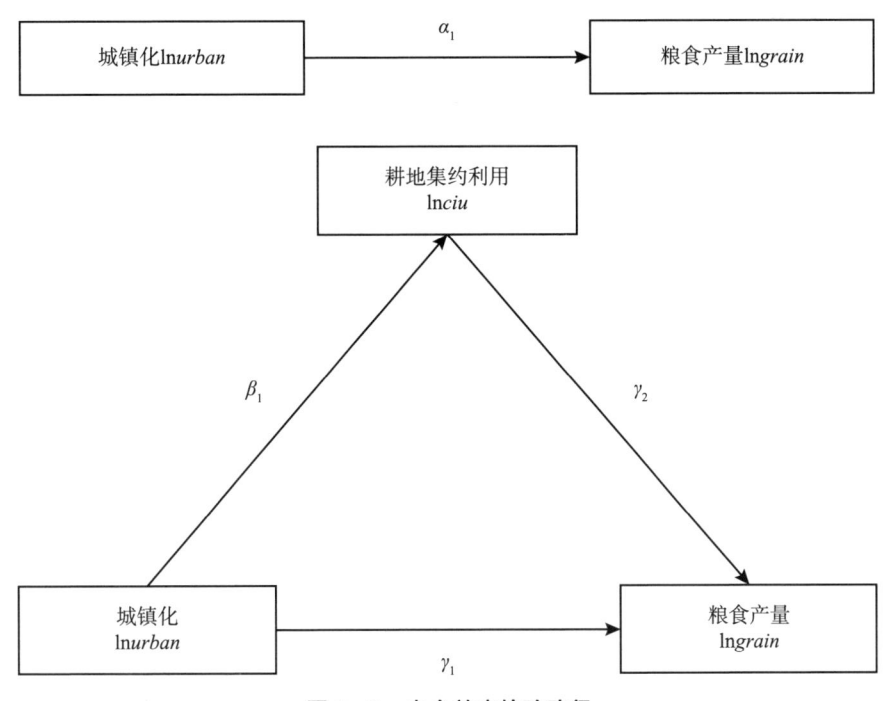

图7-2 中介效应检验路径

其中，i 表示地区，t 表示年份，lngrain 为因变量，即粮食生产的供给规模，以粮食产量的对数值来表征；lnurban 为核心自变量城镇化，以熵值法测算的城镇化水平来表征，取其百分比的自然对数值；a_0 为常数项；μ_i 为个体固定效应；ω_t 为时间固定效应；ε_{it} 为白噪声的随机误差项。$\sum X$ 表示控制变量的集合。α_1 反映了城镇化对粮食生产影响的总效应，β_1 反映了城镇化对耕地集约利用的影响，γ_1 反映了城镇化对粮食生产影响的直接效应，中介效应的大小由 $\beta_1\gamma_2$ 来衡量，$\alpha_1 = \gamma_1 + \beta_1\gamma_2$，$\beta_1\gamma_2/\alpha_1$ 反映了耕地集约利用的中介效应比重。

此外，可进一步通过 Sobel 统计量来检验中介效应的显著性，Sobel 统计量的公式为 $z = \hat{\beta}_1\hat{\gamma}_2/s_{\beta_1\gamma_2}$，$\hat{\beta}_1$、$\hat{\gamma}_2$ 分别是 β_1、γ_2 的估计，$s_{\beta_1\gamma_2} = \sqrt{\hat{\beta}_1^2 s_{\gamma_2}^2 + \hat{\gamma}_2^2 s_{\beta_1}^2}$ 是 $\hat{\beta}_1\hat{\gamma}_2$ 的标准误，s_{γ_2}、s_{β_1} 分别是 $\hat{\beta}_1$、$\hat{\gamma}_2$ 的标准误。根据 $\beta_1\gamma_2$ 的乘积分布构建临界值进行检验。

7.2.2　有调节的中介效应模型

基于有调节的中介效应模型考察集约经营在城镇化影响粮食生产过程中发挥的中介作用及气候条件在该中介过程中的调节作用。有调节的中介模型（moderated mediation model，MMM）是一种同时包含中介变量和调节变量的模型，该模型表明自变量通过中介变量对因变量产生影响，且这一中介过程受到调节变量的调节（Baron R M et al.，1999；温忠麟等，2014）。有调节的中介效应模型的检验方法主要包括层次检验、依次检验、系数乘积的区间检验和中介效应差异检验四种，其中，层次检验比其他 3 种方法具有更强的解释力（温忠麟等，2014）。因此本书根据层次检验的分析步骤进行传导路径估计。另外，气候条件不仅在耕作制度、种植结构等方面存在明显的区域差异化特征，还能够直接对粮食生产与耕地利用产生影响。故在层次检验的方程中，同时引入了气候条件及其与因变量的交互项，以便考察气候条件的直接影响与调节作用。

第一步：检验城镇化对粮食生产的直接影响是否受到气候条件（lncc，cc，climate conditions）的调节作用（见图 7-3）。

第7章 城镇化影响粮食生产的作用路径：耕地集约利用的中介作用与气候条件调节作用的双重效应

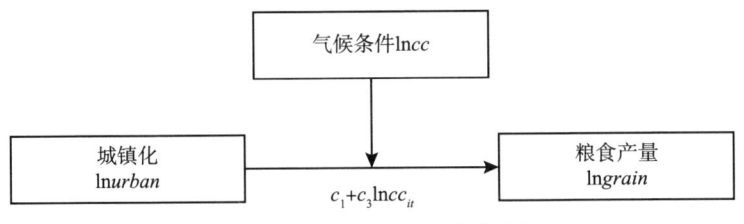

图 7-3 直接影响受调节的路径

具体的调节模型公式为：

$$\ln grain_{it} = c_0 + c_1 \ln urban_{it} + c_2 \ln cc_{it} + c_3 \ln cc_{it} \times \ln urban_{it} \\ + \sum X + \mu'_i + \omega'_t + \varepsilon'_{it} \tag{7-4}$$

式（7-4）中，城镇化对粮食生产的影响为 $c_1 + c_3 \ln cc_{it}$，若 c_3 显著，则气候条件对直接影响产生调节作用。

第二步：检验城镇化通过耕地集约利用（ciu，intensive use of cropland）影响粮食生产的中介效应该中介效应是否受到气候条件的调节（见图7-4），通过依次检验的两个回归分析完成。

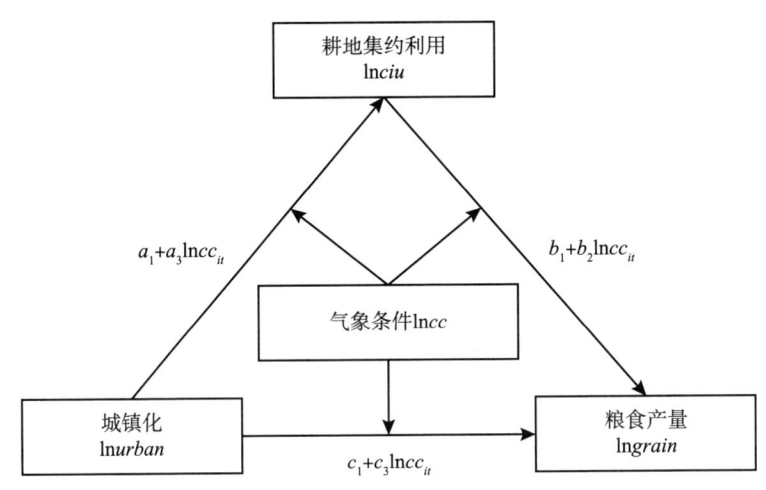

图 7-4 有调节的中介效应检验路径

$$\ln ciu_{it} = a_0 + a_1 \ln urban_{it} + a_2 \ln cc_{it} + a_3 \ln cc_{it} \times \ln urban_{it} \\ + \sum X + \mu''_i + \omega''_t + \varepsilon''_{it} \tag{7-5}$$

$$\ln grain_{it} = c'_0 + c'_1 \ln urban_{it} + c'_2 \ln cc_{it} + c'_3 \ln cc_{it} \times \ln urban_{it} + b_1 \ln ciu_{it}$$
$$+ b_2 \ln cc_{it} \times \ln ciu_{it} + \sum X + \mu'''_i + \omega'''_t + \varepsilon'''_{it} \qquad (7-6)$$

式（7-5）：中介效应的前半段路径。检验的是气候条件是否在城镇化对耕地集约利用的影响中产生调节效应，此时，城镇化对耕地集约经营的影响为 $a_1 + a_3 \ln cc_{it}$。

式（7-6）：中介效应的后半段路径。检验的是气候条件对耕地集约利用与粮食生产之间关系的调节效应及城镇化对粮食生产残余效应的调节效应。耕地集约利用对粮食生产的影响为 $b_1 + b_2 \ln cc_{it}$，城镇化对粮食生产残余效应的影响为 $c'_1 + c'_3 \ln cc_{it}$，当残余效应没有受到调节时，则 $c'_3 = 0$。

综合而言，气候条件调节下的城镇化的中介效应为 $(a_1 + a_3 \ln cc_{it}) \times (b_1 + b_2 \ln cc_{it}) = a_1 b_1 + (a_1 b_2 + a_3 b_1) \ln cc_{it} + a_3 b_2 (\ln cc_{it})^2$，它是一个一元二次函数。通过 $a_1 b_2$、$a_3 b_1$ 及 $a_3 b_2$ 是否为 0 进行判断，即先检验式（7-3）中的 a_1 和 a_3 是否显著，再检验式（7-4）中的 b_1 和 b_2 是否显著。根据以下原则判断中介效应是否受到气候条件的调节作用：

（1）若 a_1 和 a_3 同时不显著或 b_1 和 b_2 同时不显著，则表明不存在中介效应；

（2）若 a_3 显著、b_2 不显著，则气候条件调节中介效应的前半段路径；

（3）若 a_3 不显著、b_2 显著，则气候条件调节中介效应的后半段路径；

（4）若 a_3 显著、b_2 显著，则中介效应的前后半段两个路径均受到气候条件的调节；

（5）若 a_3、b_2 均不显著，则表明中介效应未受到气候条件的调节作用。

7.2.3 变量说明与数据来源

（1）被解释变量：粮食生产。以地区粮食产量表征粮食生产，主要从粮食供给规模的角度进行刻画，反映粮食的产出能力。

（2）核心解释变量：城镇化综合水平。从人口、土地、经济等三个维度选取相关指标，并通过熵值法进行测度。

（3）中介变量：耕地集约利用水平。参考相关研究（王国刚等，2014；

吴郁玲等，2012），并结合地级市数据的可得性，构建包含单位耕地面积的非耕地要素投入水平与耕地利用强度的测度评估体系，具体包括劳动力、物质资本投入强度（农业机械总动力、化肥施用）及复种指数。同样采用熵值法测度各指标权重，并进一步测度耕地集约利用水平（见表7-1）。

表7-1　耕地集约利用水平测度指标体系

评估指标	计算方法	权重	评估指标	计算方法	权重
劳动力水平	农业劳动力/耕地面积	0.227	农业机械强度	农业机械总动力/耕地面积	0.380
化肥施用强度	化肥施用折纯量/耕地面积	0.280	耕地利用强度	复种指数=粮食播种面积/耕地面积	0.113

注：农业劳动力通过农林牧渔业劳动力×（农业总产值/农林牧渔业总产值）进行折算。

（4）调节变量：气候条件。由于传统社会经济学领域内的熵值法、因子分析法等综合评价方法并不适用于评估气候条件影响的综合水平，故本书选取对粮食生产影响较直观的气象指标，包括气温（tem）、降水量（pre）和日照时数（sun），分别作为气候条件变量，具体考察每一个气候指标的调节作用。

此外，本书还在计量模型中引入了一系列影响粮食生产的社会经济、基础禀赋、地理特征等变量。社会经济指标主要选取人口密度、人均 GDP、产业结构升级、城乡收入差距、对外开放水平、交通运输基础；基础要素禀赋指标主要选择人均耕地面积；地理气候指标主要选取高程和坡度。数据来源与第5章和第6章相同，本章不再赘述。

7.3　相关性分析与基准回归结果

在基准回归之前，我们计算了被解释变量、解释变量、中介变量、调节变量之间的 Peason 相关系数（见表7-2）。

表 7-2　　　　　　　　主要变量的 Peason 相关性分析

变量	VIF	lngrain	lnurban	lnciu	lntem	lnpre	lnsun
lngrain		1					
lnurban	1.12	-0.368***	1				
lnciu	1.27	0.250***	0.294***	1			
lntem	1.81	0.066***	0.117***	0.590***	1		
lnpre	1.67	0.163***	-0.006**	0.211***	0.623***	1	
lnsun	1.35	-0.178***	0.107	-0.324**	-0.374***	-0.612***	1

注：**、***分别表示在5%、1%水平上显著。

结果显示，城镇化与粮食产量呈显著负相关关系；城镇化与耕地集约利用水平呈显著负相关关系；粮食产量与气温、降水量、日照时数分别呈显著正相关、正相关和负相关关系，基本上符合预期假设，但有待在实证检验中进一步分析。此外，自变量的方差膨胀因子 VIF 均明显小于10，平均 VIF 为1.44，表明各变量间不存在明显的多重共线性问题。表7-3报告了基于Pool-OLS模型的城镇化对粮食产量影响的基准回归结果。无论是否控制一系列城市社会经济与自然特征变量，无论是年份固定、城市固定，还是双固定效应模型，城镇化对粮食产量均存在显著负向影响。总体而言，城镇化水平的提高将导致粮食产量的下降。那么，粮食产量与城镇化之间存在何种联系？城镇化对粮食生产的影响存在怎样的作用路径？接下来将通过有调节的中介效应模型检验城镇化影响粮食生产的传导机制。

表 7-3　　　　　　城镇化对粮食产量影响的基准回归结果

变量	双固定		年份固定		城市固定	
	模型1	模型2	模型3	模型4	模型5	模型6
lnurban	-0.121** (0.060)	-0.130** (0.059)	-0.135** (0.061)	-0.146*** (0.061)	-0.125*** (0.033)	-0.103*** (0.036)
控制变量	否	是	否	是	否	是
R^2	0.086	0.130	0.086	0.129	0.024	0.079

续表

变量	双固定		年份固定		城市固定	
	模型1	模型2	模型3	模型4	模型5	模型6
F值	12.30	10.41	283.08	326.42	14.13	9.85
城市固定	是	是	否	否	是	是
年份固定	是	是	是	是	否	否
城市数量	286	286	286	286	286	286
观测量	6578	6578	6578	6578	6578	6578

注：** 和 *** 分别表示在5%和1%水平上显著。括号内为稳健标准误。

7.4 耕地集约利用的中介效应检验

本部分采用普通形式的中介效应检验模型（温忠麟等，2004）考察未引入气候条件调节的中介效应关系（见表7-4）。模型7中城镇化的估计系数显著为负（-0.525），表明城镇化对粮食产量存在显著的负向抑制效应，与基准回归的结论保持一致；模型8中城镇化的估计系数也显著为负（-0.135），表明城镇化发展也显著降低了耕地集约利用水平，主要原因在于城镇化扩张一方面造成耕地流失，另一方面也降低了要素投入规模；模型9中城镇化的估计系数虽然显著为负（-0.456），但负向影响明显减弱，且中介变量耕地集约利用的估计系数显著为正（0.508），提高耕地集约利用水平有助于粮食产量增长，即耕地集约利用能够在城镇化与粮食生产之间发挥显著的中介效应，且削弱了城镇化的负向影响。进一步，通过Sobel检验法的中介效应的显著性检验结果显示，Sobel系数为-0.067，且通过了1%显著性水平的检验，即耕地集约利用的中介效应是显著有效的，在影响总效应中所占比重约为21.543%。整体而言，在城镇化影响粮食生产的过程中，耕地集约利用能够发挥部分中介作用，并表现出"城镇化→耕地集约利用→粮食生产"的传导机制，假设7-1得到验证。观察城镇化估计系数的变化（-0.311→-0.244），虽然中介效应仍为负，但能够反映出耕地集约利用的中介作用有效削弱了城镇化对粮食产量的负向影响。

表7-4　未引入气候条件调节的耕地集约利用中介效应检验

变量/路径	模型7: lngrain 城镇化→粮食产量	模型8: lnciu 城镇化→耕地集约利用	模型9: lngrain 耕地集约利用→粮食产量
lnurban	-0.311*** (0.029)	-0.098*** (0.011)	-0.244*** (0.028)
lnciu			0.678*** (0.032)
控制变量	是	是	是
城市固定	是	是	是
年份固定	是	是	是
R^2	0.308	0.626	0.354
F值	350.49	1312.72	382.50
Sobel检验	-0.067*** (0.008)		
中介效应	中介效应 = -0.098×0.678 = -0.067；中介效应/总效应 = -0.067/(-0.311) = 21.543%		

注：*** 表示在1%水平上显著。括号内为稳健标准误。

7.5 气候条件调节下城镇化对粮食产量影响的传导机制

7.5.1 第一步：气候条件调节下城镇化对粮食产量的直接影响

通过在模型中依次加入气温、降水量和日照时数等气候指标（模型10、模型12、模型14）及城镇化与气候指标的交互项（模型11、模型13、模型15）进行检验（见表7-5）。结果显示，气候条件不仅能显著直接影响粮食产量，同时在城镇化对粮食产量的直接影响中发挥显著的调节作用，但不同气候指标的调节作用存在明显差异。

表 7-5　　气候条件对城镇化直接影响粮食产量的调节作用

lngrain	气温 lntem		降水量 lnpre		日照时数 lnsun	
	模型 10	模型 11	模型 12	模型 13	模型 14	模型 15
lnurabn	-0.232 *** (0.021)	-0.235 *** (0.020)	-0.232 *** (0.020)	-0.234 *** (0.021)	-0.231 *** (0.021)	-0.230 *** (0.021)
lncc	-0.015 (0.047)	0.019 (0.045)	0.069 *** (0.021)	0.071 *** (0.021)	-0.156 *** (0.047)	-0.164 *** (0.047)
lnurban × lncc		-0.497 *** (0.062)		-0.213 *** (0.017)		0.515 ** (0.047)
控制变量	是	是	是	是	是	是
地区固定	是	是	是	是	是	是
年份固定	0.950	0.951	0.947	0.951	0.946	0.951
Adj R^2	43.84	40.93	45.10	40.61	45.12	41.30
F 值	是	是	是	是	是	是

注：** 和 *** 分别表示在5%和1%水平上显著。括号内为稳健标准误。调节效应检验的相关变量均已进行中心化处理。

气温的直接影响未通过显著性检验，即气温的升高并未显著负向影响粮食产量；降水量与日照时数则分别对粮食产量产生了显著的正向和负向直接影响，即充沛的降水量有利于促进粮食生产，而过多的日照时数则不利于粮食生产。

气温、降水量与城镇化交互项的估计系数均显著为负，表明气温和降水量在城镇化对粮食产量的直接影响中发挥显著的负向调节作用。此时，城镇化对粮食产量的影响分别为 -0.235 -0.497lntem、-0.234 -0.213lnpre，均为递减的一元线性函数，说明气温升高、降水量增多均会强化城镇化对粮食产量的负向影响。日照时数与城镇化交互项的估计系数显著为正，表明日照时数在城镇化直接影响粮食产量的过程中发挥了显著的正向调节作用。在日照时数的调节下，城镇化对粮食产量的影响为 -0.230 +0.515lnsun，是递增的一元线性函数，令 lnsun >0，那么 lnsun >0.447 时，城镇化对粮食生产的影响转变为正，现有样本 lnsun ∈ [6.665, 8.134]，由此可见日照时数的调节作用能够抵消城镇化对粮食生产的不利影响。整体而言，气温、降水量和日照时数均能够有效调节城镇化对粮食产量的直接影响。

7.5.2 第二步：气候条件调节下的中介效应检验

第二步是检验气候条件在城镇化通过耕地集约利用影响粮食产量的中介效应（城镇化→集约利用→粮食产量）过程中的调节作用，对中介效应的前半段路径（城镇化→集约利用）和后半段路径（城镇化、集约利用→粮食产量）分别进行检验（见表7-6）。

表7-6　气候条件对城镇化影响粮食产量中介效应的调节作用

调节变量	气温 lntem		降水量 lnpre		日照时数 lnsun	
	模型16 lnciu	模型17 lngrain	模型18 lnciu	模型19 lngrain	模型20 lnciu	模型21 lngrain
lnurban	-0.143*** (0.010)	-0.091 (0.019)	-0.154*** (0.010)	-0.090*** (0.019)	-0.154*** (0.010)	-0.079 (0.018)
lncc	-0.004 (0.022)	0.147** (0.052)	-0.035*** (0.010)	0.101*** (0.019)	-0.011 (0.023)	-0.182*** (0.043)
lnurban × lncc	0.045*** (0.012)	0.061*** (0.023)	-0.017** (0.006)	-0.386*** (0.017)	0.024* (0.014)	0.537*** (0.041)
lnciu		0.898*** (0.024)		0.956*** (0.024)		0.864*** (0.025)
lnciu × lncc		-0.045** (0.017)		-0.106*** (0.017)		0.504*** (0.055)
控制变量	是	是	是	是	是	是
城市固定	是	是	是	是	是	是
年份固定	是	是	是	是	是	是
Adj R^2	0.956	0.960	0.953	0.961	0.953	0.958
F值	73.10	159.71	73.26	165.89	74.89	169.14

注：*、**和***分别表示在10%、5%和1%水平上显著。括号内为稳健标准误。

首先，检验中介效应前半段路径是否受到气候条件的调节作用（模型16、模型18和模型20）。结果显示，城镇化的直接影响及气候指标在城镇化对耕地集约利用影响中的调节作用表现出差异性。具体而言，在气候条件的直接影响方面，气温与日照时数的负向影响不显著，降水量则表现出显著的负向影响，即气温的升高、日照时数的增加对耕地集约利用未产生明显的抑制作用，而过多的降水量则明显不利于耕地集约利用水平的提升。在气候条件的调节作用方面，气温、日照时数与城镇化交互项的估计系数均显著为正，即气温与日照时数均正向调节城镇化对耕地集约利用的影响，此时，城镇化的影响效应分别为 $-0.143+0.045\ln tem$、$-0.153+0.013\ln sun$，均为递增的一元线性函数，气温的升高、日照时数的增加均削弱了城镇化对耕地集约利用的抑制作用；降水量与城镇化交互项的估计系数显著为负，即降水量在城镇化对耕地集约利用的影响中发挥显著的负向调节作用，降水量调节下的城镇化影响效应为 $-0.154-0.024\ln pre$，为递减的一元线性函数，降水量的增多强化了城镇化对耕地集约利用的抑制作用。整体上，气温、降水量和日照时数均能够对中介路径的前半段发挥显著调节作用。

其次，分析中介效应后半段路径是否受到气候条件的调节作用（模型17、模型19和模型21）。结果显示，耕地集约利用的直接影响及气候指标在耕地集约利用影响粮食生产中的调节作用表现出方向、程度等方面的差异。在直接影响方面，耕地集约利用水平的提升对粮食生产的正向促进作用依然显著；气温与降水量均依然显著正向影响粮食生产，日照时数依然显著负向影响粮食产量，与前文结果（见表7-5）基本一致。在气候条件的调节作用方面，气温及降水量与耕地集约利用交互项的估计系数均显著为负，表明气温和降水量均负向调节了耕地集约利用对粮食产量的正向影响。此时，耕地集约利用的影响分别为 $0.898-0.045\ln tem$、$0.889-0.106\ln pre$，均为递减的一元线性函数，气温的升高、过多的降水量均显著降低了耕地集约利用对粮食产量的正向影响，即气温、降水量均发挥了削弱型的调节作用；而日照时数与耕地集约利用交互项的估计系数显著为正，表明日照时数正向调节了耕地集约利用对粮食产量的影响。此时，耕地集约利用的影响为 $0.864+0.504\ln sun$，为递增的一元线性函数。充足的日照时数提高了耕地集约利用的正向影响，即日照时数发挥强化性的调节作用。另外，气温、日照时数与城镇化交互项的估计系数均显著为正，表明气温和日照时数均正向调节了城镇化对粮食产量的残余效应，城镇化影响的残余效应分别为 $-0.091+0.061\ln tem$、$-0.079+$

0.537lnsun，均为递增的一元线性函数，气温、日照时数对城镇化影响残余效应的调节作用存在强化特征；而降水量与城镇化交互项的估计系数则显著为负，即降水量负向调节了城镇化对粮食产量影响的残余效应。此时，城镇化影响的残余效应为 $-0.090-0.386\ln pre$，为递减的一元线性函数，降水量对城镇化影响的残余效应的调节作用存在削弱特征。

总体而言，"城镇化→耕地集约利用→粮食产量"的中介效应是显著的，并且该中介路径还受到气候条件的调节，气温、降水量及日照时数均能够对中介路径前后半段产生调节作用，但不同的气候指标调节作用的程度、方向存在明显差异（见图7-5），假设7-2得到验证。

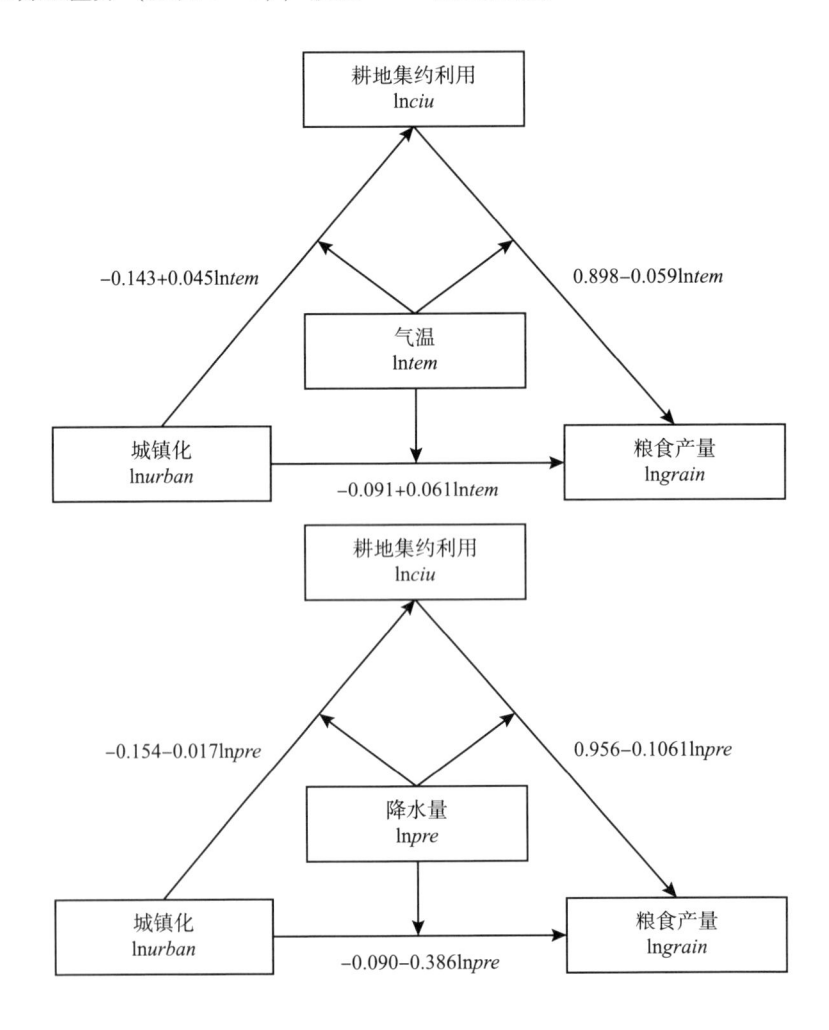

第7章 城镇化影响粮食生产的作用路径：耕地集约利用的中介作用与气候条件调节作用的双重效应

```
                耕地集约利用
                   lnciu

  −0.154+0.024lnsun        0.864+0.504lnsun

                日照时数
                   lnsun

   城镇化                        粮食产量
   lnurban   −0.079−0.837lnsun   lngrain
```

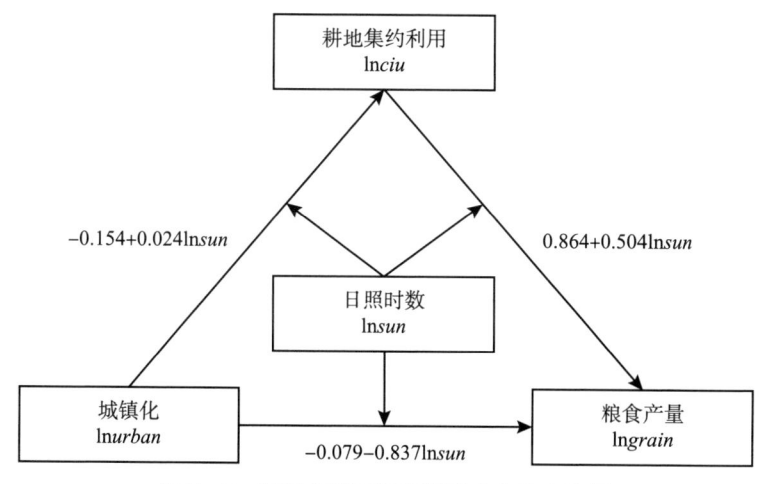

图 7−5 气候条件下有调节的中介效应路径

7.5.3 耕地集约利用的中介效应分析与区域差异

在气温、降水量及日照时数等不同气候指标的调节作用下，耕地集约利用的中介效应表现出差异化的特征。值得思考的是，对于不同的气候指标，是否存在有助于削弱耕地集约利用负向中介作用的区间？接下来将普通中介效应与有调节中介效应的结果进行对比并展开分析。由前文知，普通中介效应检验得到的中介效应为 $M_0 = -0.067$，假设各气候指标调节下耕地集约利用在城镇化对粮食产量影响中的负向中介效应为 M_1，根据 M_1 与 M_0 的比较，求得不同气候指标发挥作用的区间，可知假设 7−3 得到验证。同时，表 7−7 汇总了不同气候指标对耕地集约利用在城镇化影响粮食产量的中介效应中发挥的调节作用。

表 7−7　气候条件调节下城镇化对粮食产量的中介效应汇总

中介效应路径		调节变量：气候条件		
		气温 tem	降水量 pre	日照时数 sun
前半段	lnurban→lnciu	$-0.143+0.045\ln tem$	$-0.154-0.017\ln pre$	$-0.166+0.022\ln sun$
后半段	lnciu→lngrain	$0.898-0.059\ln tem$	$0.956-0.106\ln pre$	$0.915+0.452\ln sun$

续表

中介效应路径		调节变量：气候条件		
		气温 tem	降水量 pre	日照时数 sun
中介总效应	lnurban→lnciu→lngrain	$-0.0027(\text{lntem})^2 + 0.00595\text{lntem} - 0.1284$	$0.0018(\text{lnpre})^2 - 0.0001\text{lnpre} - 0.0800$	$0.0099(\text{lnsun})^2 - 0.0549\text{lnsun} - 0.1512$
完全抵消：$M_1 \geq 0$		(11.359, 25.873]	—	(1894.263, 3407.620]
部分削弱：$M_0 \leq M_1 < 0$		[2.965, 11.359]	[764.330, 2680.360]	[904.154, 1894.263]
未能抵消：$M_1 < M_0$		[-2.221, 2.965)	[29.289, 764.330)	[784.464, 904.154)
$M_1 = 0 (M_1 = M_0)$ 拐点		2.965、11.359	764.330	904.154、1894.263
现有样本区间		[-2.221, 25.873]	[29.289, 2680.360]	[784.464, 3407.620]

当 $M_1 > 0$ 时，气候条件的调节作用能够完全抵消耕地集约利用的负向中介效应；当 $M_0 \leq M_1 \leq 0$ 时，气候条件的调节作用能够削弱耕地集约利用的负向中介效应；当 $M_1 < M_0$ 时，气候条件的调节作用未能削弱耕地集约利用的负向中介效应。

(1) 气温调节下耕地集约利用的中介效应 $M_1 = (-0.143 + 0.059\text{lntem}) \times (0.898 - 0.045\text{lntem}) = -0.0027(\text{lntem})^2 + 0.05948\text{lntem} - 0.1284$，是关于 lntem 的倒"U"型一元二次函数。已知现有样本 $tem \in [-2.221, 25.873]$，令 $M_1 = 0$，可得 lntem 的两个根 2.430、19.569（过大，舍去）。当 lntem > 2.430（tem > 11.359）时，$M_1 > 0$，结合现有样本最大值，年均气温在 (11.359, 25.873] 度范围的地区，耕地集约利用在城镇化影响粮食生产中发挥正向中介效应，主要分布在华北平原、黄土高原以南大部分地区及南疆地区，大部分处于胡焕庸线以东，这些地区气温适宜，种植熟制由一年两熟到两年三熟，气温升高有利于农作物生长发育。当 lntem < 2.430 时，$M_1 < 0$，令 $M_1 - M_0 = 0$，得到 lntem 的两个根为 1.087、20.944（舍去），即当 lntem ∈ [1.087, 2.145] (tem ∈ [2.965, 11.359] 度) 时，$M_0 \leq M_1 \leq 0$，年均气温在 [2.965, 11.359] 度的地区，气温的调节削弱了耕地集约利用的负向中介效应，主要分布在东北平原、内蒙古高原及西北等胡焕庸线以西地区，东北地区及新疆部分地区种植面积的扩大，使种植边界持续北移，尤其是东北地

区具有优渥的禀赋条件，城镇化水平较高，同时也逐渐成为中国的农业主产区。当 $\ln tem < 1.087$（$tem < 2.965$）时，$M_1 < M_0$，结合现有样本最小值，即当 $tem \in [-2.221, 2.965)$ 度时，气温的调节不足以削弱耕地集约利用的负向中介效应，地区分布较零星，集中在东北的漠河、呼伦贝尔及青海省的个别地区。

（2）降水量调节下耕地集约利用的中介效应 $M_1 = (-0.154 - 0.017\ln pre) \times (0.956 - 0.106\ln pre) = 0.0018(\ln pre)^2 + 0.0001\ln pre - 0.0800$，是关于 $\ln pre$ 的"U型"一元二次函数。已知现有样本 $\ln pre \in [3.377, 7.894]$（$pre \in [29.289, 2680.360]$），令 $M_1 = 0$，可得 $\ln pre$ 的两个根分别为 -9.058、9.019。当 $\ln pre \in [-9.058, 9.019]$ 时，$M_1 \leq 0$，结合现有样本，可得中介效应 $\ll 0$，即在降水量调节下的耕地集约利用在城镇化影响粮食产量的中介作用依然为负，不存在耕地集约利用调节下表现出正向中介效应的地区。令 $M_1 - M_0 = 0$，得到 $\ln pre$ 的两个根分别为 -6.695（舍去）、6.639，根据一元函数性质及现有样本，当 $\ln pre \in [6.639, 7.894]$（$pre \in [764.330, 2680.360]$）时，$M_1 \geq M_0$。对于年均降水量在 [764.330, 2680.360] 毫米的地区，降水量的调节削弱了耕地集约利用的负向中介效应，其大体与分布在秦岭—淮河以南及与高于800毫米等降水量线的黄淮海地区、长江流域、云贵高原、华南沿海等地区较吻合，该区域也是湿润区与半湿润区的分界线，充沛的降水条件能够有效调节这些地区的粮食生产活动，但偶尔引发的洪涝灾害也会造成粮食供给的不稳定性。当 $\ln pre \in [3.377, 6.639]$（$pre \in [29.289, 764.330)$）时，$M_1 < M_0$。对于年均降水量在 [29.289, 764.330) 毫米的地区，降水量的调节不足以削弱耕地集约利用的负向中介效应，主要分布在西北、黄土高原、内蒙古高原、华北及东北低于800毫米等降水量线的地区，气候特征多以干旱与半干旱为主，半湿润为辅，相对偏少的降水量不足以对这些地区的粮食生产形成调节作用，地面灌溉用水多来自地下水或河流，气温升高加大了水体的蒸发量，如果降水量没有明显增加，干旱化态势趋于严峻，可能引发粮食产出的波动。

（3）日照时数调节下耕地集约利用的中介效应 $M_1 = (-0.166 + 0.022\ln sun) \times (0.915 + 0.452\ln sun) = 0.0099(\ln sun)^2 - 0.0549\ln sun - 0.1512$，是关于 $\ln sun$ 的"U"型一元二次函数。已知现有样本 $\ln sun \in [6.665, 8.134]$，

令 $M_1 = 0$，可得 $\ln sun$ 的两个根分别为 -2.024（舍去）、7.545。当 $\ln sun \in (7.545, 8.134]$（$sun \in (1894.263, 3407.620]$）时，$M_1 > 0$，即日照时数在 $(1894.263, 3407.620]$ 小时的地区，耕地集约利用在城镇化对粮食生产发挥正向中介效应，其主要分布在东北、华北、西北的日照充足地区，云南、四川的高海拔地区，及东南沿海的零星地区，其中大部分处于长江流域以北，这些高海拔地区采光充足、日照时间长，有利于农作物生长；当 $\ln sun < 7.545$（$sun < 1894.263$）时，$M_1 < 0$，令 $M_1 - M_0 = 0$，得到 $\ln sun$ 的两个根分别为 -1.261（舍去）、6.807，根据函数性质，由于 $6.665 < 6.807$，即当 $\ln sun \in [6.807, 7.545]$（$sun \in [904.154, 1894.263]$ 小时）时，$M_0 \leq M_1 \leq 0$，日照时数在 $[904.154, 1894.263]$ 小时的地区，日照时数的调节作用削弱了耕地集约利用的负向中介效应，主要分布在长江中游的湖南、重庆等地及珠江流域的广西、广东等地，这些地区雨量充沛，阴雨天较多，日照时间相对较短。当 $\ln sun \in [6.665, 6.807)$（$sun \in [784.464, 904.154)$）时，$M_1 < M_0$。对于日照时数在 $[784.464, 904.154)$ 的地区，日照时数的调节作用不足以削弱耕地集约利用的负向中介效应，在某些历史年份零星分布在南方，且近年来各地区日照时数均超过了 1000 小时，整体可以认为，日照时数的调节作用能够削弱甚至完全抵消耕地集约利用的负向中介效应。

从气候条件的调节作用看，气温、降水量和日照时数均能有效调节耕地集约利用在城镇化过程中对粮食产量产生的负向中介效应，进一步削弱甚至完全抵消该负向影响。然而在不同气候指标的调节作用下，耕地集约利用的中介效应表现出明显的区域异质性。综合来看，在气候条件调节与耕地集约利用中介的双重作用下，有效抵消了城镇化对粮食产量的负向影响。

粮食生产与气候条件密切相关，水土光热等资源是粮食生产发育所必需的物质和能量来源，各种资源的不同组合形式会对粮食生产产生不同的影响，这也是气候条件在区域间产生差异化影响的前提基础。气候条件能够在城镇化影响粮食生产的路径中发挥调节作用，在宏观层面主要源于不同地区的地理环境、气候特征等自然禀赋的独特性。这些独特性导致维持粮食生产所需的水土光热等资源在空间分布上的差异，也决定了地区间的作物品种、生产方式与种植制度的差异，并导致种植结构与作物熟制的异质性分布，从而使不同地区城镇化进程对粮食生产的影响存在不确定性。在微观层面,这种影响也体现在不同地区的农户根据当地气候特征在长期积累中形成的适应性行为上,农户基于自身成本投入与预期收益的权衡,结合环境约束条件,自发选择应对气候波动的适应性策略,并形成了因地制宜的耕地利用形式,以规避气候波动带来的不利影响。

7.6 内生性讨论

参考第 6 章的内生性讨论,依然选择夜间灯光数据作为城镇化的工具变量,它满足工具变量与内生变量相关的条件,但并不直接影响粮食的供给能力和耕地集约利用水平,满足工具变量的排他性约束,其作为工具变量具有一定的合理性。

DMSP/OLS 夜间灯光数据由美国国家地球物理数据中心定期发布,但截至 2022 年已发布有 2013 年的 34 期影像。已有学者通过跨传感器(DMSP – OLS 和 NPP – VIIRS)校正的方式提取了 2000~2022 年全球 500m 分辨率的"类 NPP – VIIRS"夜间灯光数据集(NPP – VIIRS – like NTL Data),该数据集具备类似于 NPP – VIIRS 夜间灯光数据的质量(Chen et al.,2021)。故采用"类 NPP – VIIRS"夜间灯光数据作为工具变量(Light),对气候条件调节下的中介效应路径进行估计。

表 7 – 8 报告了 2SLS 第二阶段的估计结果及第一阶段 Light 对 lnUrban 影响的估计系数。Kleibergen – Paap rk LM(KP LM)统计量显示模型不存在不可识别的问题,Kleibergen – Paap rk Wald F(KP Wald F)与 Cragg – Donald Wald F(CD Wald F)统计量的对比表明模型不存在弱工具变量问题,验证了工具变量的有效性(郑江淮等,2021)。第一阶段 light 的系数显示,城镇化与夜间灯光强度呈显著的正相关关系,夜间灯光强度越高,则城镇化水平越高。第二阶段的估计结果显示,引入工具变量后,城镇化的负向影响系数明显提高,各气候指标对"城镇化→耕地集约利用→粮食生产"中介效应的调节作用方向均与前文结果基本一致,未发生较大变化,在调节作用的程度上

有所差异，显著性也略有变化，但总体上检验结果支持本书的假设，不影响研究结论。

表7-8　　　　　　　　　基于2SLS的工具变量估计结果

第二阶段	气温 lntem			降水量 lnpre			日照时数 lnsun		
	模型22 lngrain	模型23 lnciu	模型24 lngrain	模型25 lngrain	模型26 lnciu	模型27 lngrain	模型28 lngrain	模型29 lnciu	模型30 lngrain
lnurban	-2.883*** (0.575)	-1.513*** (0.312)	-2.947*** (0.843)	-2.950*** (0.625)	-1.555*** (0.336)	-2.988*** (0.872)	-3.039*** (0.647)	-1.437*** (0.384)	-3.095*** (0.868)
lncc	-0.718** (0.209)	0.327*** (0.092)	0.785*** (0.236)	0.058* (0.031)	-0.054** (0.026)	0.057** (0.052)	0.118 (0.099)	-0.172*** (0.047)	0.122 (0.095)
lnurban × lncc	-0.241* (0.126)	0.126** (0.063)	0.248* (0.137)	-0.347*** (0.105)	-0.169*** (0.054)	-0.339*** (0.117)	0.255* (0.142)	0.143* (0.082)	0.268* (0.154)
lnciu			0.342* (0.170)			0.367** (0.173)			0.354*** (0.135)
lnciu × lncc			-0.127* (0.068)			-0.071* (0.043)			0.054** (0.023)
第一阶段：light	0.031*** (0.007)		0.021*** (0.006)	0.031*** (0.006)		0.022*** (0.005)	0.028*** (0.007)		0.022*** (0.006)
控制变量	是	是	是	是	是	是	是	是	是
城市固定	是	是	是	是	是	是	是	是	是
年份固定	是	是	是	是	是	是	是	是	是
KP LM	35.752 [0.000]		17.064 [0.000]	30.232 [0.000]		15.978 [0.000]	29.407 [0.000]		16.770 [0.000]
KP Wald F	29.990		15.349	25.734		14.404	25.051		15.103
CD Wald F	21.436		10.457	20.575		10.799	18.015		10.478

注：*、**和***分别表示在10%、5%和1%水平上显著。圆括号内为稳健标准误，方括号内为 p 值。调节效应检验的相关变量均已进行中心化处理。第一阶段 *Light* 的系数为夜间灯光对城镇化的影响系数。

7.7 本章小结

本章构建了包含城镇化、耕地集约利用、气候条件与粮食生产于一体的分析框架，并基于2000~2022年中国地级及以上城市所在地区的面板数据，构建有调节的中介效应模型，实证检验了耕地集约利用在城镇化影响粮食生产中的中介效应及气温、降水量和日照时数等不同气候指标对该中介路径的调节作用，进一步考察了不同气候条件调节下耕地集约利用中介效应的程度及区域异质性。内生性讨论与稳健性检验均有力支持了本书的研究结论。本章具体结论如下。

（1）城镇化能够直接负向影响粮食生产，耕地集约利用的部分中介作用能够弱化城镇化的负向作用，中介效应约占城镇化影响总效应的21.543%。

（2）气候条件在城镇化通过耕地集约利用水平影响粮食生产的中介路径中能够发挥显著的调节作用，有助于进一步减缓城镇化的负向影响。气温、降水量及日照时数均能对耕地集约利用中介路径的前后半段产生调节作用，但不同的气候指标在调节作用的程度和方向上存在明显差异。总体上，耕地集约利用的中介作用与气候条件的调节作用有助于抵消城镇化对粮食生产的负向影响。

（3）在不同气候指标的调节下，耕地集约利用的中介效应表现出明显的区域异质性。在气温处于（11.359, 25.873]度的地区，耕地集约利用能够发挥正向中介效应，在[2.965, 11.359]度的地区，气温的调节有助于削弱耕地集约利用的负向中介效应；而在其他地区，则难以削弱耕地集约利用的负向中介效应。降水量的调节作用难以完全抵消耕地集约利用的负向中介效应，仅当降水量处于[764.330, 2680.360]毫米的地区时，有助于削弱耕地集约利用的负向中介效应。日照时数的调节作用能够削弱甚至完全抵消耕地集约利用的负向中介效应，在日照时数处于（1894.263, 3407.620]小时的地区，耕地集约利用能够发挥正向中介效应，而在其他地区则能够产生削弱作用，不存在未能发挥削弱作用的地区。

第8章

研究结论与政策启示

8.1 研究结论

本书在明确选题背景、提出科学问题,并建立理论分析框架的基础上,主要围绕城镇化与粮食生产的协调关系、城镇化影响粮食生产的空间效应与非线性特征、城镇化影响粮食生产的作用路径等内容展开,并通过省级和地级市的研究样本进行具体考察。具体而言,一是初步了解城镇化与粮食生产的协调关系及空间分异、交互动态响应关系;二是检验了城镇化对粮食生产影响的空间效应与非线性门槛特征;三是构建"城镇化—耕地集约利用—气候条件—粮食生产"的分析框架,深入考察了双重效应下城镇化影响粮食生产的作用路径。本书得到的主要结论如下。

(1)中国城镇化水平不断提高,经历了恢复发展阶段、加速发展阶段与新型城镇化阶段,并呈现东中西渐次递减的分布特征。中国的粮食产量、粮食单产均经历了明显的波动性增长过程,但粮食作物播种面积整体呈下降态势。

本部分主要从时间序列与区域差异的角度定性分析了城镇化与粮食生产的发展变化趋势。改革开放以来,中国城镇化的发展水平和质量不断提升,恢复发展阶段以小城镇发展为主导;加速发展阶段以土地规模扩张为主导;新型城镇化阶段则以高质量发展为主导。尽管常住人口城镇化率已超过60%,但仍滞后于城镇土地的扩张进程,城镇人口规模的增长和集聚促进了城镇非农产业的发展。虽然城镇化水平较高的地区主要分布在东部沿海,但中西部城镇化的增速高于东部。中国的粮食产量、单产和播种面积表现出不同的增减过程,但均具有波动性,其中粮食单产的波动性相对较小。对于不同的粮食作物,小麦、玉米和稻谷的产量和单产均呈动态增长特征,小麦和稻谷的播种面积均呈减少态势,而玉米播种面积则呈增加态势;对于不同的粮食功能区,平衡区粮食生产的规模稳步提升,而主销区的规模持续下降,小麦、玉米和稻谷的生产规模基本在原有的主要产区内保持稳定,突出表现为西北地区小麦和玉米生产增速显著,东北地区逐渐成为稻谷主要产区,东南沿海地区的稻谷生产规模下降趋势显著。

(2)城镇化与粮食生产的交互关系在短期和长期的表现存在差异,长期而言,粮食生产受到城镇化的负向冲击程度更大。

本部分主要探讨城镇化与粮食生产的交互关系及其动态响应特征。城镇化与粮食生产的自身演化过程均存在时间上的惯性特征与路径依赖,且这种特征随时间的变化而趋于减弱。从两系统交互动态响应来看,城镇化与粮食生产的互动关系在短期和长期中存在差异,并表现出动态性、非线性特征。城镇化对粮食生产的影响在短期内能够产生抑制作用,但在长期演变中则表现为较有限的促进作用;而粮食生产对城镇化在短期内能够产生推动作用,但在长期演变中则可能产生拖累作用,不利于城镇化发展。长期而言,粮食生产受城镇化的影响要大于其对城镇化的影响。

(3)城镇化对粮食生产存在显著的负向影响,并表现出"边际效应"递增的非线性门槛特征,跨过城镇化门槛值的地区对粮食生产具有更强的负向影响。

本部分主要考察城镇化对粮食生产的影响及其非线性特征。城镇化水平的提高能显著降低粮食产量,但负向影响程度存在明显的区域差异性,主要表现为粮食主销区>粮食主产区>粮食平衡区。此外,城镇化对粮食生产的影响存在单一门槛值,城镇化对不同门槛区间内的粮食生产均有负向影响,并存在"边际效应"递增的非线性门槛特征,即城镇化水平高于门槛值的地区对粮食生产具有更强的负面抑制作用。整体而言,已经跨过门槛值的城市主要分布于东中部地区,且多属于粮食主销区,跨过城镇化门槛值的地区形成了以东部地区为主,并向中西部地区扩散的渐次性空间分布特征。

(4) 城镇化对粮食生产的负向影响存在显著的路径依赖特征和空间溢出效应。

本部分主要考察城镇化对粮食生产影响的动态空间溢出效应。动态空间效应显示,城镇化不仅能够直接负向影响本地区的粮食生产,还通过空间示范效应对邻近地区粮食生产造成负向影响。空间效应分解显示,城镇化能够在短期内负向影响本地区及邻近地区的粮食生产,且短期内间接效应要大于短期直接效应,但长期负向影响效应并不显著。此外,南北方、不同粮食功能区的城镇化对粮食生产的影响存在较大的区域异质性,在南北方层面,北方城镇化未显著影响粮食产量,而南方城镇化则显著负向影响粮食生产;在不同粮食功能区层面,城镇化对主销区粮食生产的负向作用最强,粮食主产区次之,粮食平衡区负向影响最小。

(5) 城镇化虽然能够直接负向影响粮食生产,但耕地集约利用的部分中介作用能够弱化城镇化的负向作用,而气候条件的调节作用能够进一步减缓城镇化的负向影响。耕地集约利用的中介作用与气候条件调节作用的双重效应有助于抵消该负向影响。

本部分构建了一个集城镇化、耕地集约利用、气候条件与粮食生产于一体的理论分析框架,在耕地集约利用的中介作用与气候条件的调节作用的双重效应下,考察了城镇化影响粮食生产的作用路径及区域异质性。普通中介效应检验显示,耕地集约利用能够在城镇化负向影响粮食生产的过程中发挥部分中介作用,并能够削弱该负向影响。气候条件能够在耕地集约利用的中介路径中发挥调节作用,并进一步削弱甚至完全抵消城镇化的负向影响,但气温、降水量及日照时数等气候指标发挥的调节作用存在程度和方向上的差异。在不同气候指标的调节下,耕地集约利用的中介效应表现出区域异质性。对于气温,胡焕庸线以南大部分地区的耕地集约利用能够发挥正向中介作用,而胡焕庸线以北的多数地区在气温的调节下,有助于削弱耕地集约利用的负向中介作用;对于降水量,只有分布在秦岭—淮河以南、年降雨量高于800毫米等降水量线地区的耕地集约利用能够削弱其负向中介作用,但难以对其他地区产生有效的削弱作用;对于日照时数,东北、华北、西北日照充足地区以及云南、四川的高海拔地区等在日照时数的调节下，耕地集约利用发挥正向中介效应，而在其他地区则产生削弱作用，且不存在没有产生削弱作用的地区。

8.2 政策启示

在城镇化的进程中保障粮食安全是一个系统工程。本书为深刻理解城镇化进程中的粮食生产问题、城镇化如何影响粮食生产以及如何实现城镇化高质量发展与保障粮食安全的协调发展提供了新的视角与启示。根据研究结论，可得到以下政策启示。

（1）理解粮食生产"北粮南运"变迁的历史规律，应发挥区域比较优势，科学规划粮食生产，合理布局优势产区。

政府部门应在确保基本农田和严守耕地红线的基础上，把握市场经济的客观规律，根据不同作物生产的优势产区，因地制宜、因物制宜地规划粮食生产布局，明确自身的主导产业和优势作物，严格按照粮食优势产区的区域分布，推动各地区提高优势粮食作物的生产规模，使粮食主产区、主销区和平衡区能够发挥各自的资源与区位比较优势。此外，针对不同特征粮食作物的生产特性和区域特点，应分别采用差异化的生产保障政策。同时，南北方粮食生产的此消彼长意味着南方以需求为主，北方以供给为主。制度和政策上应鼓励经济较发达的地区对粮食生产规模较大的地区进行投资，以促进地区间粮食生产与贸易的互动合作。比如，东北地区以粮食生产的供给为主，而东南沿海地区则以粮食需求为主，区域间的粮食合作关系日渐紧密，建立长期稳定、互惠互利的粮食区域合作机制是有必要的。

（2）全面审视城镇化与粮食生产的协调关系，限制城镇化无序扩张，科学合理地规划城乡土地利用结构，提高粮食生产效率，确保城镇化与粮食生产活动的可持续性。

城镇化的扩张进程导致了要素资源与农户种粮行为模式的变化，对粮食生产的规模和结构产生了较大影响，需要正确认识城镇化对粮食生产的负向影响。土地是城镇化发展与保障粮食生产的基础，因此城镇化与粮食生产的关系涉及国土空间规划。在推动城镇化高质量发展的进程中，必须制定科学合理的城乡土地利用全局规划，严禁城镇建设用地的无序扩张，因地制宜地规划城镇化扩张区域与范围，严守耕地保护红线，确保现有耕地的稳定性。此外，城镇化不应该只注重规模的扩张，而应更高效地利用和规划土地资源。同时，要优化耕地占补平衡政策，合理控制城镇化扩张规模与强度，确保城镇化的高质量发展与粮食生产活动的可持续性。当前粮食生产水平滞后于城镇化发展水平，粮食生产安全仍将是城镇化高质量发展的限制性因素。城镇化是倒逼粮食生产规模化发展转型、种植结构优化、要素投入结构调整、农业技术进步等农业活动更高效运行的契机。应通过积极的财税激励政策鼓励粮食生产的技术创新，加快农业技术进步，引导农户以土地经营权有序流转等形式扩大农业生产经营规模，发挥土地规模效应，充分挖掘土地利用潜力。

在推动城镇化高质量发展的同时，对于不同维度的城镇化，在经济城镇化方面，应强化以城促乡、以工促农的发展政策，增强非农产业对粮食生产的反哺和带动作用，加大社会资本流向粮食生产领域的规模和力度；引导社会资本参与社会化服务体系建设、农田水利工程建设和农业综合开发投资，以提高粮食生产的现代化程度；延伸农业产业链条，推动粮食生产的收割、收购、存储、运输、加工和销售等上中下游环节的有效衔接，优化城乡产业结构，带动农村农业发展，促进农村产业融合；增加对粮食生产的金融信贷支持力度，降低贷款门槛，缓解粮食企业、种粮大户、家庭农场等的资金约束。在人口城镇化方面，搭建农村劳动力转移就业和市民化的服务平台，拓展农村劳动力本地转移途径，提供更多就业岗位吸引返乡劳动力，提高本地就业的吸纳能力；放宽户籍制度约束，改善非农就业劳动力的子女教育、医疗保障等社会福利待遇，消除城乡间歧视与不平等，完善农村劳动力城镇就业政策；对于仍从事粮食生产的劳动力，应加大人力资本投入，加强粮食种植技术的培训与新技术的推广，鼓励返乡劳动力接受农业职业教育，积极培育职业农民和新型经营主体；适度提高农户粮食生产补贴标准，促进种粮生产补贴向种粮大户、家庭农场、农民合作社倾斜，提高农户粮食生产的积极性。在土地城镇化过程中，严格划定城镇用地和农业用地的边界，推进高标准农田建设与中低产田改造；加强土地利用审批与土地用途的管制，规范乱占耕地的行为，完善耕地占补平衡政策，探索有效的耕地保护制度，遏制耕地"非农化"，防止"非粮化"。

（3）把握生产要素跨区流动的空间配置特征，深化区域间的分工与合作。

要正确认识在城镇化由注重空间扩张向高质量转变的进程中粮食生产发生的格局变化，新旧动能的转换促使城镇化带动农业生产要素流动，并产生溢出效应，诱发耕地利用程度的变化与生产结构的调整。空间效应的存在要求政策制定者时刻关注要素空间流动引发的结构性变化，推动城乡的农业市场化改革，发挥市场在要素资源配置中的决定性作用及政策制定的引导性作用，试点建立包含劳动力、机械服务、耕地等要素在跨区域自由流动、能够实时监测的创新平台与市场竞争机制，优化要素配置结构以提升配置效率，并重视和发挥农业技术进步与推广的作用，注重新技术的替代效应，增强对农机的技术投资与农机服务的跨区普及推广。

非线性特征意味着不同地区在城镇化与保障粮食生产中存在不同的分工，分工的深化要求政策制定者把握城镇化进程与粮食生产的区域异质性特征，权衡农业生产要素的内在结构变化与市场化激励的外在动力变化，因地制宜地制定有针对性的粮食生产策略，统筹处理城镇化与粮食生产的协调关系，推动城乡的农业市场化改革，保障城乡区域间的结构调整与粮食生产形成良好的互动与交流，以缓解城镇化发展对粮食生产的冲击。

对于不同的粮食功能区，粮食主产区的政策制定者需要把握城镇化发展的空间和速度，避免城镇无序扩张，确保要素自由流动，优化粮食生产水土资源利用的结构，提高土地资源的配置和利用效率，强化"以城促乡"，通过城镇化发展带动粮食生产的产业化、集约化与专业化；粮食主销区的城镇化水平本身较高，产业结构升级使粮食生产已不再具有比较优势，应权衡粮食生产要素的内在结构变化与城镇化激励的外在动力变化，提高粮食生产的科学技术水平，进而提升要素集聚水平和生产率；粮食平衡区城镇化发展相对滞后，粮食产销基本维持平衡，城镇化与粮食生产的协调均衡存在较大潜力，应促进政府的支持引导作用与市场的资源配置作用相平衡，通过政府与市场的互动配合，优化城镇化发展与粮食生产的空间布局，在确保粮食安全的基础上推动城镇化发展。此外，探索主产区与主销区之间的利益联动机制。主产区承担了较多的粮食供给任务，但主产区的水土条件并不具有资源优势，且部分主产区省份的粮食供需缺口逐渐扩大，可以通过建立主销区向主产区的利益补偿与协调机制的试点，建立主销区向主产区的利益补偿与协调机制，主销区根据自身发展基础与调入粮食总量，对主产区进行利益补偿，并推动向主产区进行农业投资，保障主产区的粮食生产，保持长期稳定的区域间粮食供求关系，从而使主销区也能够以贸易的形式承担一定的粮食安全保障责任。

（4）合理提高耕地集约利用水平，积极应对气候变化。

城镇化进程中土地空间的扩张使耕地面积减少的态势成为必然，虽然国家在宏观层面上通过占补平衡政策进行调控，但在现有耕地条件下如何提高农业生产力仍是保障粮食供应的关键。应在保证现有耕地数量的基础上，鼓励农户提高复种指数，合理配置种植结构，在保证耕地质量的同时充分挖掘耕地利用潜力；继续加大农业科技投入，促进灌溉技术、化肥减量化技术的提升，完善交通设施、农田水利设施等基础条件，提高耕地利用技术水平，以提升粮食生产效率与产出规模。农业生产的规模化是减少生产成本、扩大机械化作业范围、规避细碎化经营的重要手段，应鼓励耕地的有序流转，促进专业化、规模化生产，培育专业种粮大户、家庭农场、专业合作社等新型农业生产主体，发展社会化生产服务组织以规范小规模农户家庭的生产决策导致的要素投入方式与数量规模，充分发挥市场机制在耕地利用配置中的作用，以优化耕地利用方式。此外，耕地利用程度的提高有可能带来土壤肥力下降、农田环境污染等问题，应通过土地治理、农田改造和高标准农田建设来改善耕地生产条件，通过休耕、轮作等方式巩固粮食生产力，使耕地休养生息，修复生态环境，减少化肥农药使用量，推广有机肥施用、秸秆还田技术等，适度提高耕地利用集约程度与耕地质量，保障粮食生产的可持续产出能力。

气候条件的地区差异性能够对不同地区的耕地利用与粮食生产产生不同的调节作用。拥有不同禀赋的地区应根据相应的气候条件因地制宜地调整自身的适应性粮食生产行为。比如，在半干旱的雨养地区，大型水利设施的建设对促进灌溉系统的良好运行至关重要，同时应推广节水型旱作农业技术，以提高粮食生产效率与灌溉效率。不同地区均应加强对极端天气及农业灾害的监测，提前做好防范，避免干旱、高温、洪涝等气候变化带来的不利影响。此外，根据当地的气候特征与地区间的气候差异，可以尝试建立和完善区域间耕地利用、要素投入、土壤质量评估及适应天气变化的多部门协作的粮食耕种收综合平台与公共服务体系，实现部门之间信息的共享与联合预警，提高政府对气候变化的监测能力及农户及时应对气候变化的能力，以提高耕地质量与耕地利用效率。针对农业气象灾害的保险制度有助于农户应对气候变化。总之，积极的气候应对政策能够有效减轻未来气候变化对粮食生产的危害。

8.3 研究不足与展望

本书丰富了城镇化与粮食生产之间的关系及作用路径的相关内容，为城镇化高质量发展与保障粮食安全、促进城镇化与粮食生产的均衡发展提供了理论参考。但是，受个人能力和客观条件的限制，仍存在以下不足之处。

（1）在地级市层面的数据获取方面。本书的尺度为地级市层面，虽然较省级层面的研究能够在较小的范围内进行更加细致的研究，但研究所需的相关指标统计数据披露较少，获取难度较大，一些指标数据存在缺失，导致部分研究内容中的个别社会经济指标未被纳入考虑，今后需要广泛收集数据资料，以完善和充实研究内容。另外，由于实证分析的数据截止到 2022 年，我们将在未来的研究中及时更新、完善地级市层面的社会经济数据。

（2）在粮食生产方面。本书围绕粮食生产的产出能力，将粮食产量作为研究的落脚点，是因为粮食播种面积和单位面积产量最终都能归结到粮食产量上。而粮食播种面积的增减变化还能体现出种植结构的调整，并引发生产格局的变迁。因此，深入挖掘城镇化对种植结构调整及生产格局变迁的影响有助于拓展及丰富后续的研究内容。

（3）在城镇化综合水平评估方面。城镇化发展是一个涉及人口、土地、经济、生态、社会等多个维度的复杂系统，但现阶段尚无统一的城镇化水平评估指标体系,各种文献采用的城镇化评估指标体系各异。受地级市层面数据获取难度的限制,综合不同学者的观点,本书的实证部分选择了人口、土地和经济三个主要维度的指标来评估城镇化综合水平,这三个维度的指标基本能够反映城镇化带来的影响。在后续的研究中,如何在地级市层面科学评估城镇化水平仍将是值得研究的主题。此外,城镇化发展的逻辑关系及其影响在未来同样值得深入探讨。

(4)在耕地集约利用评估方面。耕地集约利用是一个主要包含要素投入强度、耕地利用程度、产出效益效率、耕地可持续性等内容的综合指标。受地级市层面数据获取难度的限制,并综合不同学者的观点,本书主要从要素投入视角,选取非耕地要素单位面积投入、复种指数等指标进行评估,暂未考虑耕地的可持续利用状况等,同时,由于土地报酬递减规律的存在,耕地集约利用水平的提高是有限度的,因此,在后续研究中需要进一步广泛获取数据,以完善耕地集约利用水平评估的指标体系。

(5)在城镇化影响粮食生产的作用路径方面。城镇化对粮食生产影响的内在机制是复杂的,而本书对问题讨论的视角较单一,限于篇幅,只考虑了耕地集约利用的一条中介效应作用路径及气候条件的调节作用。对于城镇化发展引起的种植结构、要素配置结构、农业技术进步等因素变化对粮食生产的影响,由于数据获取的局限性,未能在地级市层面展开全面而深入的探讨。本书重点关注的是气候条件调节下城镇化对粮食整体的影响及作用路径,但不同的粮食作物生产的区域分布受不同气候指标的影响,其适应性存在差异。因此,在未来的研究中,如何全面综合地考察城镇化对粮食生产的作用机制和对不同粮食作物生产的影响及其作用路径,将是未来研究需要努力的方向。

参考文献

[1] 曹春艳. 耕地集约利用与新型城镇化耦合协调发展研究：以江苏省为例 [J]. 中国农业资源与区划，2018（6）.

[2] 陈恒，侯建. 自主研发创新、知识积累与科技绩效：基于高技术产业数据的动态门槛机理研究 [J]. 科学学研究，2016（9）.

[3] 陈诗一，陈登科. 雾霾污染、政府治理与经济高质量发展 [J]. 经济研究，2018（2）.

[4] 陈帅，徐晋涛，张海鹏. 气候变化对中国粮食生产的影响：基于县级面板数据的实证分析 [J]. 中国农村经济，2016（5）.

[5] 陈帅. 气候变化对中国小麦生产力的影响：基于黄淮海平原的实证分析 [J]. 中国农村经济，2015（7）.

[6] 陈伟，吴群. 考虑耕地质量差异影响的江苏省耕地集约利用评价 [J]. 农业工程学报，2013（15）.

[7] 陈晓红，周宏浩. 城市精明发展与生态效率的协同测度及交互响应：以中国276个地级以上城市为例 [J]. 地理研究，2019（11）.

[8] 陈瑜琦，李秀彬. 1980年以来中国耕地利用集约度的结构特征 [J]. 地理学报，2009（4）.

[9] 陈源源. 气候变化对中国粮食生产的影响 [J]. 中国农学通报，2021（12）.

[10] 晁增福，邢小宁. 夜间灯光数据与统计数据的相关性研究：以川南经济区为例 [J]. 数学的实践与认识，2023（4）.

[11] 丛佳敏,孙从建,陈伟,等.2000－2020年间黄河中游不同地貌区城镇建设用地扩张过程及其影响因素[J].地理研究,2024(8).

[12] 邓楚雄,石健.欠发达地区耕地集约利用与城镇化协调度分析:以湖南省湘西州为例[J].湖北农业科学,2018(19).

[13] 邓楚雄,谢炳庚,李晓青,等.基于投影寻踪法的长株潭城市群地区耕地集约利用评价[J].地理研究,2013(11).

[14] 丁宁.中国特色城乡关系:从二元结构到城乡融合的发展研究[D].长春:吉林大学,2019.

[15] 董雪兵,池若楠.中国区域经济差异与收敛的时空演进特征[J].经济地理,2020(10).

[16] 杜国明,刘彦随.黑龙江省耕地集约利用评价及分区研究[J].资源科学,2013(3).

[17] 杜国明,柴璐佳,李玉恒.耕地利用系统的理论解析与研究框架[J].地理科学进展,2022(7).

[18] 杜国明,薛濡壕,于凤荣.耕地集约利用转型的理论解析[J].资源科学,2022(3).

[19] 杜宇能.工业化城镇化农业现代化进程中国家粮食安全问题[D].合肥:中国科学技术大学,2013.

[20] 段颀,张维迎,马捷.比较优势、要素有偏向的异质性与自由贸易的企业选择效应[J].经济学(季刊),2019(2).

[21] 樊琦,祁华清.转变城镇化发展方式与保障国家粮食安全研究[J].宏观经济研究,2014(8).

[22] 冯晓龙,刘明月,霍学喜,等.农户气候变化适应性决策对农业产出的影响效应:以陕西苹果种植户为例[J].中国农村经济,2017(3).

[23] 冯颖,侯孟阳,姚顺波.中国粮食生产空间关联网络的结构特征及其形成机制[J].地理学报,2020(11).

[24] 范淑斌,张鹏岩.基于中介模型的城镇化对粮食安全影响研究[J].内蒙古科技与经济,2020(17).

[25] 高雅.我国城市化进程中的土地非农化问题研究[D].郑州:郑州

大学，2005.

［26］高延雷，王志刚. 城镇化是否带来了耕地压力的增加：来自中国的经验证据［J］. 中国农村经济，2020（9）.

［27］高延雷，笪青岛，王志刚. 城镇化与粮食安全：主要问题、逻辑关系及研究展望［J］. 现代管理科学，2018（12）.

［28］高延雷，张正岩，魏素豪，等. 城镇化对中国粮食安全的影响：基于省区面板数据的实证分析［J］. 资源科学，2019（8）.

［29］高丹桂，王建华. 大食物观破解我国粮食安全"三大难题"全方位夯实粮食安全根基［J］. 中国粮食经济，2023（5）.

［30］龚锐，谢黎，王亚飞. 农业高质量发展与新型城镇化的互动机理及实证检验［J］. 改革，2020（7）.

［31］郭燕，杜志雄. 气候变化对中国粮食作物与饲料作物播种面积的影响［J］. 西北农林科技大学学报（社会科学版），2024（6）.

［32］国家新型城镇化规划（2014－2022年）［R］. 中国政府网，https：//www.gov.cn/gongbao/content/2014/content_2644805.htm.

［33］国家统计局. 中国统计年鉴2019［M］. 北京：中国统计出版社，2019.

［34］国家统计局. 中国统计年鉴2024［M］. 北京：中国统计出版社，2024.

［35］中华人民共和国国务院新闻办公室. 中国的粮食问题［Z］.1996.

［36］何悦，漆雁斌. 城镇化发展对粮食生产技术效率的影响研究：基于我国13个粮食主产区的面板数据［J］. 中国农业资源与区划，2019（3）.

［37］黄赜琳，姚婷婷. 市场分割与地区生产率：作用机制与经验证据［J］. 财经研究，2020（1）.

［38］侯孟阳，邓元杰，姚顺波. 城镇化、耕地集约利用与粮食生产：气候条件下有调节的中介效应［J］. 中国人口·资源与环境，2022（10）.

［39］侯现慧，王占岐，杨俊，等. 基于库兹涅茨曲线的耕地集约利用对耕地实际产能的影响研究［J］. 长江流域资源与环境，2017（7）.

［40］胡瑞法，冷燕. 中国主要粮食作物的投入与产出研究［J］. 农业技术经济，2006（3）.

［41］黄爱军. 我国粮食生产区域格局的变化规律［J］. 中国农村经济，

1995（2）.

［42］黄维，邓祥征，何书金，等. 中国气候变化对县域粮食产量影响的计量经济分析［J］. 地理科学进展，2010（6）.

［43］黄靖辉. 城镇化发展对粮食生产技术效率的影响研究［D］. 合肥：安徽农业大学，2023.

［44］黄智淋，董志勇. 我国金融发展与经济增长的非线性关系研究：来自动态面板数据门限模型的经验证据［J］. 金融研究，2013（7）.

［45］华坚，杨梦依，曹慧敏. 粮食主产区的新型城镇化与粮食安全：基于土地规模化经营中介效应检验［J］. 资源与产业，2024（1）.

［46］洪晗，肖金成，陈蕊. 中国式现代化背景下的新型城镇化：概念辨析、现实困境和突破路径［J］. 区域经济评论，2024（2）.

［47］蒋修念. 万州区耕地集约利用评价研究［D］. 重庆：西南大学，2014.

［48］金涛. 中国粮食生产时空变化及其耕地利用效应［J］. 自然资源学报，2014（6）.

［49］居尔艾提·吾布力，安瓦尔·买买提明，薛东前. 城镇化与耕地集约利用水平及其耦合协调发展：以新疆阿克苏市为例［J］. 干旱区研究，2019（6）.

［50］柯新利，马才学. 城镇化对耕地集约利用影响的典型相关分析及其政策启示［J］. 中国土地科学，2013（11）.

［51］赖光宝，赵勇. 新型城镇化背景下河北省土地利用的问题及对策［J］. 城市问题，2016（4）.

［52］冷智花，付畅俭. 城镇化失衡发展对粮食安全的影响［J］. 经济学家，2014（11）.

［53］李翠珍，孔祥斌，秦静，等. 大都市区农户耕地利用及对粮食生产能力的影响［J］. 农业工程学报，2008（1）.

［54］李亮科. 生产要素利用对粮食增产和环境影响研究［D］. 北京：中国农业大学，2015.

［55］李祎君，王春乙. 气候变化对我国农作物种植结构的影响［J］. 气

候变化研究进展，2010（2）.

[56] 梁尚书. 利用土地政策推动区域经济协调发展的对策研究［D］. 沈阳：东北大学，2009.

[57] 刘秉镰，朱俊丰. 新中国70年城镇化发展：历程、问题与展望［J］. 经济与管理研究，2019（11）.

[58] 刘成武，楠楠，黄利民. 中国南方稻作区不同规模农户土地集约利用行为的差异比较［J］. 农业工程学报，2018（17）.

[59] 刘洪，廖铁军，黎德川. 农用地集约利用评价：以乐山市为例［J］. 科学技术与工程，2009（1）.

[60] 刘立涛，刘晓洁，伦飞，等. 全球气候变化下的中国粮食安全问题研究［J］. 自然资源学报，2018（6）.

[61] 刘修岩，李松林，秦蒙. 城市空间结构与地区经济效率：兼论中国城镇化发展道路的模式选择［J］. 管理世界，2017（1）.

[62] 刘玉，郝星耀，潘瑜春，等. 河南省耕地集约利用时空分异及分区研究［J］. 地理科学，2014（10）.

[63] 李长松，周霞，周玉玺. 黄河下游水土匹配系数与粮食生产协调发展测度及影响因素［J］. 经济地理，2022（10）.

[64] 李福夺，杨兴洪. 我国城镇化与粮食安全生产关系研究［J］. 统计与决策，2016（8）.

[65] 龙禹桥，吴文斌，余强毅，等. 耕地集约化利用研究进展评述［J］. 自然资源学报，2018（2）.

[66] 卢燕宇，王胜，田红，等. 近50年安徽省气候生产潜力演变及粮食安全气候承载力评估［J］. 长江流域资源与环境，2017（3）.

[67] 卢阳禄，王红梅，胡月明，等. 新型城镇化与耕地集约利用协调发展时空演变研究：以广东省为例［J］. 农业现代化研究，2016（5）.

[68] 罗海平，邹楠，胡学英，等. 1980~2019年中国粮食主产区主要粮食作物气候生产潜力与气候资源利用效率［J］. 资源科学，2021（6）.

[69] 罗海平，邹楠，王圣云. 1981~2015年我国粮食主产区气候生产潜力的时空分异与演化［J］. 长江流域资源与环境，2021（7）.

[70] 刘传福，王云霞，曹建民.城镇化对粮食产区耕地利用效率的影响[J].农业现代化研究，2022（5）.

[71] 刘锐，房昀玮.耕地占补平衡制度：问题探析与完善路径[J].行政管理改革，2024（7）.

[72] 刘蓉.比较优势理论下贸易便利化与全球价值链地位提升[J].商业经济研究，2023（4）.

[73] 罗翔，曾菊新，朱媛媛，等.谁来养活中国：耕地压力在粮食安全中的作用及解释[J].地理研究，2016（12）.

[74] 马聪，刘黎明，袁承程，等.快速城镇化地区不同生计类型农户耕地利用集约度评价：以上海市青浦区为例[J].中国土地科学，2017（10）.

[75] 马惠兰.区域农产品比较优势理论研究与实证分析[D].乌鲁木齐：新疆农业大学，2004.

[76] 马飒.劳动力成本上升削弱了中国出口优势吗：基于不同贸易方式和地区的比较研究[J].财贸研究，2015（4）.

[77] 马述忠，叶宏亮，任婉婉.基于国内外耕地资源有效供给的中国粮食安全问题研究[J].农业经济问题，2015（6）.

[78] 马忠玉，肖宏伟.基于卫星夜间灯光数据的中国分省碳排放时空模拟[J].中国人口·资源与环境，2017（9）.

[79] 孟军，王宏蕾，薛志丹，等.关于黑龙江省粮食生产结构演化规律的研究[J].数学的实践与认识，2020（18）.

[80] 缪丽娟，刘冉，邹扬锋，等.黄淮海平原气候变化及对粮食产量影响研究综述[J].河南农业大学学报，2023（1）.

[81] 毛瑞男，邢浩特.大食物观下我国粮食安全保障路径研究[J].学习与探索，2024（2）.

[82] 潘根兴，高民，胡国华，等.气候变化对中国农业生产的影响[J].农业环境科学学报，2011（9）.

[83] 庞英，段耀.黄河流域粮食主产区耕地利用集约度及政策指向：基于23个县1422个农户成本数据的分析[J].干旱区资源与环境，2012（4）.

[84] 彭小辉，史清华，朱喜.中国粮食产量连续增长的源泉[J].农业

经济问题，2018（1）.

[85] 潘元洋. 江苏省城镇化对粮食生产的影响机制研究 [D]. 黑龙江：中共黑龙江省委党校，2024.

[86] 邱栎桦，伏润民. 财政分权、政府竞争与地方政府债务：基于中国西部 D 省的县级面板数据分析 [J]. 财贸研究，2015（3）.

[87] 阮宏威，于静洁. 1992~2015 年中亚五国土地覆盖与蒸散发变化 [J]. 地理学报，2019（7）.

[88] 单卓然，黄亚平. "新型城镇化"概念内涵、目标内容、规划策略及认知误区解析 [J]. 城市规划学刊，2013（2）.

[89] 单宁珍，张强. 畅通城乡要素流动促进新时代乡村产业振兴 [J]. 农业经济，2023（12）.

[90] 宋佳楠，金晓斌，周寅康. 基于多层线性模型的耕地集约利用对粮食生产力贡献度分析：以内蒙古自治区为例 [J]. 资源科学，2010（6）.

[91] 孙才志，郭可蒙，邹玮. 中国区域海洋经济与海洋科技之间的协同与响应关系研究 [J]. 资源科学，2017（11）.

[92] 孙全胜. 城市化的二元结构和城乡一体化的实现路径 [J]. 经济问题探索，2018（4）.

[93] 孙叶飞，夏青，周敏. 新型城镇化发展与产业结构变迁的经济增长效应 [J]. 数量经济技术经济研究，2016（11）.

[94] 桑一铭，辛良杰. 2000－2020 年"一江两河"地区耕地集约利用变化 [J]. 干旱区研究，2024（5）.

[95] 苏芳，刘钰，汪三贵，等. 气候变化对中国不同粮食产区粮食安全的影响 [J]. 中国人口·资源与环境，2022（8）.

[96] 覃志豪，唐华俊，等. 气候变化对农业和粮食生产影响的研究进展与发展方向 [J]. 中国农业资源与区划，2013（5）.

[97] 田涛，陈秀峰. 气候变化对我国农业环境的影响及对策 [J]. 农业环境与发展，2010（4）.

[98] 田红宇，祝志勇，刘魏. 粮食"十一连增"期间生产区域格局的变化及成因 [J]. 华南农业大学学报（社会科学版），2016（2）.

[99] 王锋，秦豫徽，刘娟，等．多维度城镇化视角下的碳排放影响因素研究：基于中国省域数据的空间杜宾面板模型［J］．中国人口·资源与环境，2017（9）．

[100] 王国刚，刘彦随，陈秧分．中国省域耕地集约利用态势与驱动力分析［J］．地理学报，2014（7）．

[101] 王军，邹广平，石先进．制度变迁对中国经济增长的影响：基于VAR模型的实证研究［J］．中国工业经济，2013（6）．

[102] 王喜，彭宏杰，樊鹏飞，等．耕地集约利用评价及障碍因素分析研究基于突变级数模型［J］．资源开发与市场，2016（8）．

[103] 王向东，沈孝强，王振波，等．中国耕地集约化利用评价2010~2016［J］．中国人口·资源与环境，2019（4）．

[104] 王跃梅，姚先国，周明海．农村劳动力外流、区域差异与粮食生产［J］．管理世界，2013（11）．

[105] 王跃梅．新型城镇化、主销区粮食自给底线与能力安全［J］．财经论丛，2016（12）．

[106] 文高辉，黄丹妮，谢依林，等．耕地经营规模对农户水稻生产生态效率的影响：以常德市为例［J］．中国生态农业学报（中英文），2024（2）．

[107] 王振华．城镇化发展、产业结构升级与县域经济增长：理论与实证［D］．沈阳：沈阳农业大学，2014．

[108] 王芳．技术进步、资源再配置与粮食安全问题研究［D］．成都：西南财经大学，2022．

[109] 王丽彩．我国人口城镇化发展对粮食安全的影响研究［D］．兰州：兰州大学，2017．

[110] 温忠麟，叶宝娟．有调节的中介模型检验方法：竞争还是替补？［J］．心理学报，2014（5）．

[111] 温忠麟，张雷，侯杰泰，等．中介效应检验程序及其应用［J］．心理学报，2004（5）．

[112] 吴玉鸣．中国区域农业生产要素的投入产出弹性测算：基于空间计量经济模型的实证［J］．中国农村经济，2010（6）．

[113] 吴郁玲，冯忠垒，周勇，等．耕地集约利用影响因素的协整分析[J]．中国人口·资源与环境，2011（11）．

[114] 吴郁玲，顾湘，周勇．农户视角下湖北省耕地集约利用影响因素分析[J]．中国土地科学，2012（2）．

[115] 吴殿廷，耿建忠，赵西君．新型工业化、新型城镇化和中国式现代化：典型特征及内在联系[J]．开发研究，2024（2）．

[116] 伍骏骞，方师乐，李谷成，等．中国农业机械化发展水平对粮食产量的空间溢出效应分析：基于跨区作业的视角[J]．中国农村经济，2017（6）．

[117] 王帅，王亚静．城镇化与粮食生态效率：基于异质性城镇化的理论视角与实证检验[J]．农业现代化研究，2023（3）．

[118] 向晶．集约化农业及其环境效应[D]．成都：四川大学，2006．

[119] 谢立勇，李悦，钱凤魁，等．粮食生产系统对气候变化的响应：敏感性与脆弱性[J]．中国人口·资源与环境，2014（5）．

[120] 辛冲冲，陈志勇．财政分权、政府竞争与地方政府财政汲取能力：基于动态空间面板模型的实证分析[J]．山西财经大学学报，2019（8）．

[121] 熊万胜．郊区社会的基本特征及其乡村振兴议题：以上海市为例[J]．中国农业大学学报（社会科学版），2018（3）．

[122] 徐建玲，查婷俊．基于城镇化视角的省域粮食安全研究：以江苏省为例[J]．资源科学，2014（11）．

[123] 徐鹏雲．山东省城镇化与耕地集约利用耦合协调关系研究[D]．曲阜：曲阜师范大学，2018．

[124] 许树辉．耕地集约利用评价及配置模式探讨[D]．长沙：湖南师范大学，2002．

[125] 徐李璐邑．城镇化进程中的粮食安全问题：一个研究综述[J]．农业现代化研究，2020（4）．

[126] 熊艳花，潘惠玲．新型城镇化背景下耕地保护问题及对策[J]．中国农业综合开发，2022（5）．

[127] 辛玥，殷冠羿，娄毅，等．农户视角耕地集约利用及驱动机制的内生差异研究[J]．中国农业资源与区划，2021（11）．

[128] 杨忍, 罗秀丽, 陈燕纯. 中国县域乡村地域多功能格局及影响因素识别 [J]. 地理科学进展, 2019 (9).

[129] 杨晓军, 陈浩. 中国城乡基本公共服务均等化的区域差异及收敛性 [J]. 数量经济技术经济研究, 2020 (12).

[130] 姚成胜, 邱雨菲, 黄琳, 等. 中国城市化与粮食安全耦合关系辨析及其实证分析 [J]. 中国软科学, 2016 (8).

[131] 尹朝静, 李谷成, 高雪. 气候变化对中国粮食产量的影响–基于省级面板数据的实证 [J]. 干旱区资源与环境, 2016 (6).

[132] 于斌斌. 产业结构调整与生产率提升的经济增长效应: 基于中国城市动态空间面板模型的分析 [J]. 中国工业经济, 2015 (12).

[133] 袁锋, 于冷, 赵子健. 气候变化对农作物生产力与种植结构的影响: 基于 DNDC – CGE 模型的仿真研究 [J]. 广东农业科学, 2016 (12).

[134] 岳文海. 中国新型城镇化发展研究 [D]. 武汉: 武汉大学, 2013.

[135] 张浩, 冯淑怡, 曲福田. 耕地保护、建设用地集约利用与城镇化耦合协调性研究 [J]. 自然资源学报, 2017 (6).

[136] 张晓玲. 可持续发展理论: 概念演变、维度与展望 [J]. 中国科学院院刊, 2018 (1).

[137] 张勇, 蒲勇健, 等. 城镇化与服务业集聚: 基于系统耦合互动的观点 [J]. 中国工业经济, 2013 (6).

[138] 张云华, 彭超, 张琛. 氮元素施用与农户粮食生产效率: 来自全国农村固定观察点数据的证据 [J]. 管理世界, 2019 (4).

[139] 张毅. 发挥比较优势与国家粮食安全的统一 [J]. 调研世界, 2003 (3).

[140] 赵丽平, 侯德林, 王雅鹏, 等. 城镇化与粮食生产技术效率的互动关系研究 [J]. 中国人口·资源与环境, 2017 (8).

[141] 赵丽平, 李邦熹, 王雅鹏, 等. 城镇化与粮食生产水土资源的时空耦合协调 [J]. 经济地理, 2016 (10).

[142] 赵丽平. 我国城镇化对粮食生产技术效率的影响研究 [D]. 武汉: 华中农业大学, 2016.

[143] 赵涛, 张智, 梁上坤. 数字经济、创业活跃度与高质量发展: 来自中国城市的经验证据 [J]. 管理世界, 2020 (10).

[144] 赵红婷, 谈存峰. 农村劳动力转移对土地流转的影响: 基于CFPS甘肃省样本的实证分析 [J]. 云南农业大学学报 (社会科学), 2025 (1).

[145] 郑江淮, 冉征. 走出创新 "舒适区": 地区技术多样化的动态性及其增长效应 [J]. 中国工业经济, 2021 (5).

[146] 郑旭媛, 徐志刚. 资源禀赋约束、要素替代与诱致性技术变迁: 以中国粮食生产的机械化为例 [J]. 经济学 (季刊), 2017 (1).

[147] 朱润苗, 陈松林. 耕地集约利用与新型城镇化的耦合关联研究: 以福建省为例 [J]. 农业现代化研究, 2021 (4).

[148] 祝伟, 王瑞梅. 城镇化对耕地利用强度的影响及中介效应分析 [J]. 中国农业大学学报, 2021 (4).

[149] 邹金浪, 杨子生. 不同城市化水平下中国粮食主产区耕地集约利用差异及其政策启示: 以江西省和江苏省为例 [J]. 资源科学, 2013 (2).

[150] 左斌. 城镇化进程中保障粮食安全的探讨 [J]. 粮食科技与经济, 2020 (12).

[151] 张秋梦, 杨方社, 李飞. 改革开放以来中国粮食生产空间重构 [J]. 自然资源学报, 2021 (6).

[152] 钟钰, 巴雪真, 张合成. 调动种粮主体积极性: 内涵阐释、主要障碍与推进路径 [J]. 农业经济问题, 2024 (10).

[153] Arellano M, Bond S. Some tests of specification for panel data: Monte Carlo evidence and an application to employment equations [J]. Review of Economic Studies, 1991 (2).

[154] Andrade, José F, Cassman K G, Rattalino Edreira J I, et al. Impact of urbanization trends on production of key staple crops [J]. AMBIO – A Journal of the Human Environment, 2022 (5).

[155] Bruce, E, Hansen. Threshold effects in non-dynamic panels: Estimation, testing, and inference [J]. Journal of Econometrics, 1999 (2).

[156] Beddington J R, Crute I R, Godfray H C J. Food security: The chal-

lenge of feeding 9 billion people [J]. Science (New York, N. Y.), 2010 (5967).

[157] Baron R M, Kenny D A. The moderator-mediator variable distinction in social psychological research: Conceptual, strategic, and statistical considerations [J]. Journal of Personality and Social Psychology, 1999 (6).

[158] Brend' Amour C, Reitsma F, Baiocchi G, et al. Future urban land expansion and implications for global croplands [J]. Proceedings of the National Academy of Sciences of the United States of America, 2017 (34).

[159] Caner M, Hansen B E. Instrumental variable estimation of a threshold model [J]. Econometric Theory, 2004 (5).

[160] Chen J. Rapid urbanization in China: A real challenge to soil protection and food security [J]. Catena, 2007 (1).

[161] Chen S, Chen X, Xu J. Impacts of climate change on agriculture: Evidence from China [J]. Journal of Environmental Economics & Management, 2016 (3).

[162] David Satterthwaite G M T. Urbanization and its implications for food and farming [J]. Philosophical Transactions B: Biological Sciences, 2010 (1554).

[163] Elhorst J P. Unconditional maximum likelihood estimation of linear and log-linear dynamic models for spatial panels [J]. Geographical Analysis, 2010 (1).

[164] Elhorst J P. Dynamic spatial panels: Models, methods and inferences [M]. Berlin, Heidelberg Springer, 2014.

[165] Hatfield J L, Boote K J, Kimball B A, et al. Climate impacts on agriculture: Implications for crop production [J]. Agronomy Journal, 2011 (2).

[166] Iglesias A, Rosenzweig C, Pereira D. Agricultural impacts of climate change in Spain: Developing tools for a spatial analysis [J]. Global Environmental Change, 2000 (1).

[167] J C H Fei and G Ranis. Review of development of the labour surplus economy [J]. The Pakistan Development Review, 1965, 5 (2): 271-294.

[168] Jorgenson D W. The development of a dual economy [J]. The Economic Journal, 1961 (282).

［169］ Lee L F, Yu J. Efficient GMM estimation of spatial dynamic panel data models with fixed effects ［J］. Journal of Econometrics, 2014（2）.

［170］ Liu W, Jiao F, Ren L, et al. Coupling coordination relationship between urbanization and atmospheric environment security in Jinan City ［J］. Journal of Cleaner Production, 2018（12）.

［171］ Liu Y, Wang E, Yang X, et al. Contributions of climatic and crop varietal changes to crop production in the North China Plain, since 1980s ［J］. Global Change Biology, 2010（8）.

［172］ Liu Z, He C, Zhang Q, et al. Extracting the dynamics of urban expansion in China using DMSP – OLS nighttime light data from 1992 to 2008 ［J］. Landscape and Urban Planning, 2012（1）.

［173］ Liu X, Xu Y, Engel B A, et al. The impact of urbanization and aging on food security in developing countries: The view from Northwest China ［J］. Journal of Cleaner Production, 2021（8）.

［174］ Piao S, Ciais P, Huang Y, et al. The impacts of climate change on water resources and agriculture in China ［J］. Nature, 2010（2）.

［175］ Schmidhuber J, Tubiello F N. Global food security under climate change ［J］. Proceedings of the National Academy of Sciences of the United States of America, 2007（50）.

［176］ Seppelt R, Lautenbach S, Volk M. Identifying trade-offs between ecosystem services, land use, and biodiversity: A plea for combining scenario analysis and optimization on different spatial scales ［J］. Current Opinion in Environmental Sustainability, 2013（5）.

［177］ Shen W, Hu Q, Zhang Z. Impacts of in situ urbanisation on grain production: Evidence from the Yangtze River Delta, China ［J］. Habitat International, 2024（10）.

［178］ Vermeulen S J, Campbell B M, Ingram J S I. Climate change and food systems ［J］. Annual Review of Environment and Resources, 2012（37）.

［179］ Wu Y, Yuan C, Wei W X. Decoupling relationship between the nongrain production and intensification of cultivated land in China based on Tapio decoupling model [J]. Journal of Cleaner Production, 2023 (10).

[180] Zhang Z X, Wen Q K, Liu F, et al. Urban expansion in China and its effect on cultivated land before and after initiating "Reform and Open Policy" [J]. Science China Earth Sciences, 2016 (10).